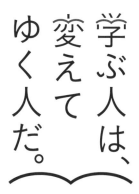

学ぶ人は、
変えて
ゆく人だ。

目の前にある問題はもちろん、

人生の問いや、

社会の課題を自ら見つけ、

挑み続けるために、人は学ぶ。

「学び」で、

少しずつ世界は変えてゆける。

いつでも、どこでも、誰でも、

学ぶことができる世の中へ。

旺文社

JN035986

TOEIC® L&Rテスト
文で覚える単熟語
SCORE 600

メディアビーコン 著

藤枝暁生 監修

テーマ別

文
単

旺文社

はじめに

「単語の暗記が苦手で，なかなか覚えられない」
「単語学習が単調な作業となってしまい，苦痛を感じる」
あなたもこんな悩みを抱えていませんか？

そんな方にこそ手に取っていただきたいのが本書です。
通称「文単」シリーズでは，見出し語を文脈で覚えられるため，
・**単熟語が記憶に残りやすい**
・**本番で使える，実践的な語彙力が身につく**
というメリットがあります。

また，TOEIC® L&R テスト頻出のテーマ別に単熟語を体系的に学習できることも本書の特長の1つです。頻出のテーマ別に単熟語をまとめて覚えると，知っている語句から文書のトピックを推測できるようになるので，より速く・正確に英文が読めるようになり，スコアアップに直結します。

本書では，本番の試験問題にできるだけ近づけて，リアルな英文を作成しました。そのため，繰り返し取り組むことで，単語力増強のみならず TOEIC® L&R テスト特有の英文に慣れるという効果も期待できます。

さらに，音声を使って五感をフル活用した学習を行えば，より学習効果が高まるでしょう。

本書でみなさんが TOEIC® L&R テストの目標スコアを達成されることを，心より願っています。

メディアビーコン

もくじ

企業・オフィス

商品・サービス

不動産・工事

イベント・コミュニティー

求人・勤務

メディア・宣伝・アナウンス

監修・コラム執筆：藤枝暁生

編集協力：Jason A. Chau，鹿島由紀子，株式会社友人社

組版：株式会社 日之出印刷，幸和印刷株式会社

装幀・本文デザイン：相馬敬徳（Rafters）

イラスト：bowlgraphics. Inc

録音：ユニバ合同会社

ナレーション：Howard Colefield，Ann Slater，Emma Howard，
　　　　　　　Jeffrey Rowe，Kelvin Barnes，大武芙由美

本書の構成

❶ 不動産・工事

❷ **5 建物の清掃会社** ❸ 広告

❹
Efficient Cleaning Solutions for Your Office Space

SuperPro Office Cleaners provides cleaning services [1]exclusively to offices in [2]commercial buildings. We believe our [3]combination of high-quality cleaning and [4]reasonable rates is [5]impossible to beat.

Group Discounts:
We offer substantial discounts to businesses within the same building who [6]register for our services together. The more businesses that sign up, the greater the savings are for each. Speak with our sales consultants for details.

[7]Flexible **Cleaning Schedules:**
Our cleaning services are [8]tailored to fit your business needs. We offer a range of cleaning schedules, from nightly to [9]weekly cleanings so that business owners can select a [10]frequency [11]in line with their specific needs. Our teams operate between 7:00 P.M. and 3:00 A.M., in order not to [12]interfere with your business [13]operations.

Premium Cleaning Products:
[14]Quality is our [15]priority. We only use top-brand cleaning products that [16]guarantee a deep clean without leaving any residue* or unpleasant smells.

Get in Touch:
To learn more about our [17]services or to [18]consult with a company [19]representative, please contact us:

Tel: 632-555-7865　**Web site:** www.superprofficecleaners.com

❺ （7 words）

❻ * residue 残留物

118

---

❼
オフィススペースの効率的な清掃解決策

SuperPro オフィス清掃社は、[2]商業ビルのオフィス[1]専用の清掃サービスを提供しています。当社の質の高い清掃と[4]手頃な料金の[3]組み合わせは、他社には[5]絶対に負けないものと確信しております。

団体割引：
一緒に当サービス[6]にご登録いただいた同じビル内の企業に、大幅な割引をご提供いたします。ご契約の企業数が多ければ多いほど、それぞれの割引額も大きくなります。詳しくは当社の営業コンサルタントにご相談ください。

[7]柔軟な**清掃スケジュール：**
当社の清掃サービスは、お客さまのビジネスニーズに合うように[8]調整いたします。夜間清掃から[9]週1回の清掃まで、さまざまな清掃スケジュールをご用意しておりますので、企業のオーナーはそれぞれの特定のニーズ[11]に一致した[10]頻度をお選びいただけます。企業の[13]業務[12]に支障をきたさないように、当社のチームは午後7時から午前3時の間に業務を行います。

プレミアム清掃品：
[14]品質が当社の[15]優先事項です。どんな残留物や不快な臭いも残さず、徹底的な清掃[16]を保証するトップブランドの清掃製品のみを使用しています。

お問い合わせ：
[17]業務に関する詳細を知るには、または[19]担当者[18]と相談するには、当社までご連絡ください：

電話番号：632-555-7865　**Web サイト**：www.superprooffceleaners.com

❽
人以外にも使われる who
第2段落1文目のbusinesses within the same building who register for our services という表現を見て、「おや？」と思った方もいるでしょう。ここでの businesses は「企業」を意味していて「人」ではありませんが、企業体はそもそも人の集合体であり、ここを人と見なして関係代名詞の who を当てはめていると考えられます。

119

建物の清掃会社　　　　　　　　　　　❿

❾
1 ☐☐ **exclusively** [ɪksklúːsɪvli]	圓 独占的に、排他的に 圏 exclusive 独占的な、排他的な
2 ☐☐ **commercial** [kəmə́ːrʃəl]	圏 商業の ● commercial building 商業ビル
3 ☐☐ **combination** [kὰːmbɪnéɪʃən]	图 組み合わせ ● combine を組み合わせる
4 ☐☐ **reasonable** [ríːzənəbl]	圏 手頃な ● reasonably 手頃に ● reasonable rate 手頃な料金
5 ☐☐ **impossible** [ɪmpάːsəbl]	圏 不可能な ● possible 可能な
6 ☐☐ **register for 〜**	〜に登録する
7 ☐☐ **flexible** [fléksəbl]	圏 柔軟な
8 ☐☐ **tailor** [téɪlər]	圓 を注文で作る ● 仕立屋、テーラー
9 ☐☐ **weekly** [wíːkli]	圏 週に1回の 圓 毎週 图 週刊誌
10 ☐☐ **frequency** [fríːkwənsi]	图 頻度 ● frequent 頻繁な ● frequently 頻繁に
11 ☐☐ **in line with 〜**	〜と合致して

12 ☐☐ **interfere with 〜**	〜を妨害する
13 ☐☐ **operation** [ὰːpəréɪʃən]	图 仕事 ● operate 働く ● operational 使用できる
14 ☐☐ **quality** [kwάːləti]	图 品質
15 ☐☐ **priority** [praɪɔ́ːrəti]	图 優先事項 ● prior 前の、事前の ● top priority 最優先事項
16 ☐☐ **guarantee** [gὲrəntíː]	圓 を保証する 图 保証；保証書
17 ☐☐ **service** [sə́ːrvəs]	图 (通例 -s) 業務；サービス
18 ☐☐ **consult with 〜**	〜と相談する ● talk with 〜
19 ☐☐ **representative** [rèprɪzéntətɪv]	图 担当者、代表者 圏 代表する、代表の ● representation 代表；表現

120

121

❶テーマ……60 の長文が 6 つのテーマに分かれています。

❷長文タイトル……この長文のタイトルです。

❸長文の形式……長文は TOEIC でよく見られる形式になっています。

❹長文……英文中の重要な単熟語が赤字になっており，数字は単熟語ページの見出し語に対応しています。

❺音声のアクセント……長文の読み上げ音声（p.8 参照）のナレーターのアクセントを，それぞれアメリカ・イギリス・カナダ・オーストラリアの国旗マークで示しています。見出し語の読み上げはすべてアメリカ英語です。

❻注……長文の中に出てくる注意すべき語句や構文について説明しています。

❼全訳……長文の日本語訳です。

❽コラム……知っておくとスコアアップに役立つ TOEIC に関するコラムを掲載しています。

❾発音記号……見出し語の読み方を表す記号です（詳細は p.12 参照）。特に発音・アクセントに注意が必要な語に❶を付けています。

❿語義その他……TOEIC 受験に必要なものを取り上げています。他動詞の語義には基本的に小文字で「を」「に」などを示しています。その他，派生関係にある語や類義語，反意語，補足，用例などを掲載しています。

確認テスト
　　　　　　　　　各テーマで学習した単熟語の確認ができるテストです。記憶があいまいだったものは，各ページに戻って復習しましょう。

表記について

動 動 動詞	**名** 名 名詞	（　　　）……省略可能／補足説明
形 形 形容詞	**副** 副 副詞	［　　　］……直前の語句と言い換え可能
接 接 接続詞	**前** 前 前置詞	

　　　　　　　　　　　　　　　　　　　A，*B* ……*A*，*B* に異なる語句が入る

〓 類義語　　　　　　　　　　　　　*one's*，*oneself* ……人を表す語句が入る

⟷ 反意語　　　　　　　　　　　　　*do* ……動詞の原形が入る

● 補足説明，用例など　　　　　　*doing* ……動名詞，現在分詞が入る

　　　　　　　　　　　　　　　　　　to *do* ……不定詞が入る

付属音声について

本書に掲載されている以下の音声をスマートフォンなどでお聞きいただけます。

収録内容

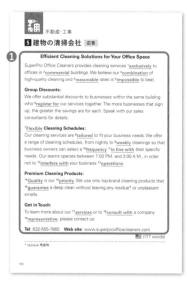

❶ 長文（英語）

❷ 見出し語（英語）

❸ 見出し語の訳（※）

※赤字部分のうち，最初に掲載している
品詞の訳を読み上げています。

音声のご利用方法

3種類の方法で音声をお聞きいただけます。

パソコンで音声データ（MP3）をダウンロード

❶ 以下の URL から，Web 特典にアクセス

https://service.obunsha.co.jp/tokuten/toeicbuntan/

❷ 本書を選び，以下の利用コードを入力してダウンロード

tsv600　　※すべて半角英数小文字

❸ ファイルを展開して，オーディオプレーヤーで再生
　音声ファイルは zip 形式にまとめられた形でダウンロードされます。展開後，デジタルオーディオプレーヤーなどで再生してください。

※音声の再生には MP3 を再生できる機器などが必要です。
※ご利用機器，音声再生ソフトなどに関する技術的なご質問は，ハードメーカーもしくはソフトメーカーにお願いいたします。
※本サービスは予告なく終了することがあります。

公式アプリ「英語の友」（iOS／Android）で再生

❶「英語の友」公式サイトより，アプリをインストール

https://eigonotomo.com/

 左の二次元コードから読み込めます。

❷ アプリ内のライブラリより本書を選び，「追加」ボタンをタップ

旺文社リスニングアプリ
英語の友

※本アプリの機能の一部は有料ですが，本書の音声は無料でお聞きいただけます。
※詳しいご利用方法は「英語の友」公式サイト，あるいはアプリ内のヘルプをご参照ください。
※本サービスは予告なく終了することがあります。

アプリ「abceed」，または「mikan」で再生

詳しくは次ページをご覧ください。

AI 英語教材「abceed」について

　本書は AI 英語教材「abceed」に対応しています。スマートフォンやタブレット，PC での利用が可能です。

音声の再生方法

- 無料の Free プランで，リスニングアプリ「英語の友」で配信しているものと同じ音声をお聞きいただけます。
- 倍速再生／シャッフル再生／区間リピート再生が可能です。
- スマートフォン，タブレットの場合はアプリをダウンロードしてご使用ください。
- アプリは abceed 公式サイトからダウンロードしていただけます。

https://abceed.com

 左の二次元コードからもアクセスできます。

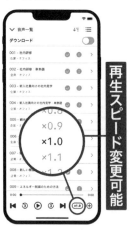

再生スピード変更可能

abceed
AI英語教材エービーシード

※ 有料学習機能への対応は 2024 年 9 月頃を予定しています。
※ 使い方は，www.abceed.com でご確認ください。
※ abceed は株式会社 Globee のサービスです。
　 abceed に関するお問い合わせは株式会社 Globee までお願いいたします。

英語アプリ「mikan」について

　本書は英語アプリ「mikan」に対応しています。スマートフォンやタブレットでの利用が可能です。

音声のダウンロード方法

❶ 英語アプリ「mikan」を右の二次元コードまたは下記 URL よりインストールします。

https://mikan.link/obunsha/toeic-buntan

❷ アプリ内の教材一覧より検索バーをタップし，書籍名を入力します。

文で覚える単熟語

❸ 教材詳細画面の音声タブから，リスニングアプリ「英語の友」で配信しているものと同じ音声が無料で再生できます。再生スピードを変更することも可能です。

他機能（有料）のご紹介

　「mikan」なら，隙間時間を利用して『TOEIC® L&R テスト 文で覚える単熟語』を学習できる機能がそろっています。

4択テスト

カードめくり

長文学習

電子書籍

※「mikan」は株式会社 mikan のサービスです。
※「mikan」に関するお問い合わせは株式会社 mikan までお願いいたします。

発音記号表

本書では代表的な発音を1つだけ掲載しています。
発音記号はあくまで参考であることをご了承ください。

母音

発音記号	例	発音記号	例
[i:]	eat [i:t]	[u]	casual [kǽʒuəl]
[i]	happy [hǽpi]	[u:]	school [sku:l]
[ɪ]	sit [sɪt]	[eɪ]	cake [keɪk]
[e]	bed [bed]	[aɪ]	eye [aɪ]
[æ]	cat [kæt]	[ɔɪ]	boy [bɔɪ]
[ɑ:]	palm [pɑ:lm]	[aʊ]	house [haʊs]
[ʌ]	cut [kʌt]	[oʊ]	go [goʊ]
[ə:r]	bird [bə:rd]	[ɪər]	ear [ɪər]
[ə]	above [əbʌ́v]	[eər]	air [eər]
[ər]	doctor [dá(:)ktər]	[ɑ:r]	heart [hɑ:rt]
[ɔ:]	law [lɔ:]	[ɔ:r]	morning [mɔ́:rnɪŋ]
[ʊ]	pull [pʊl]	[ʊər]	poor [pʊər]

※母音の後の [r] は、アメリカ英語では直前の母音が r の音色を持つことを示し、イギリ
ス英語では省略されることを示す。

子音

発音記号	例	発音記号	例
[p]	pen [pen]	[v]	very [véri]
[b]	book [bʊk]	[θ]	three [θri:]
[m]	man [mæn]	[ð]	this [ðɪs]
[t]	top [tɑ(:)p]	[s]	sea [si:]
[t̬]	water [wɔ́:t̬ər]	[z]	zoo [zu:]
[d]	dog [dɔ(:)g]	[ʃ]	ship [ʃɪp]
[n]	name [neɪm]	[ʒ]	vision [víʒən]
[k]	cake [keɪk]	[h]	hot [hɑ(:)t]
[g]	good [gʊd]	[l]	lion [láɪən]
[ŋ]	ink [ɪŋk]	[r]	rain [reɪn]
[tʃ]	chair [tʃeər]	[w]	wet [wet]
[dʒ]	june [dʒu:n]	[hw]	white [hwaɪt]
[f]	five [faɪv]	[j]	young [jʌŋ]

※ [t̬] はアメリカ英語で弾音（日本語のラ行に近い音）になることを示す。
※斜体および [(:)] は省略可能であることを示す。

企業・オフィス

企業・オフィス

1 社内研修 [説明]

Good morning, everyone! It's great to see you all here. We hope you've been finding these training ¹**sessions** ²**insightful**. ³**As part of** our ⁴**commitment** to ⁵**continuous** learning, tomorrow, we'll be ⁶**stepping out of** our usual training rooms. We've ⁷**organized** an ⁸**excursion** that is ⁹**mandatory** for every ¹⁰**participant** to ¹¹**attend**. This will be a ¹²**guided** tour of our new production ¹³**facility**, where you'll get experience working with factory staff. We believe that ¹⁴**employees** in every section can benefit from a deeper understanding of the work ¹⁵**carried out** by our highly-skilled factory employees. This company would be nothing without them. We'll be meeting in the main lobby at 9:00 A.M. sharp, and please be sure to wear ¹⁶**proper** ¹⁷**attire**.

📧 (117 words)

皆さん, おはようございます！ ここで皆さんにお会いできてうれしいです。これらの トレーニング¹セッションが, 皆さんにとって²洞察力に満ちたものであることを願っ ています。⁵継続的な学習への⁴献身³の一環として, 明日は, いつものトレーニング ルーム⁶を飛び出します。全¹⁰関係者が¹¹参加⁹必須の⁸小旅行⁷を計画しました。こ れは弊社の新しい生産¹³施設の¹²ガイドツアーであり, 皆さんはそこで工場スタッフ と一緒に働く経験を得られるでしょう。全部門の¹⁴従業員が, 熟練した工場従業員に よって¹⁵行われる仕事のより深い理解から利益を得られると私たちは信じています。 彼らがいなければこの会社は成り立ちません。午前9時ちょうどにメインロビーに集 合し, また, ¹⁶適切な¹⁷服装をしてくるように気を付けてください。

1 ☐☐ **session** [séʃən]	名 セッション

2 ☐☐ **insightful** [ínsàitfʊl]	形 洞察力のある 名 insight 洞察力

3 ☐☐ **as part of ~**	~の一環として

4 ☐☐ **commitment** [kəmítmənt]	名 献身, コミットメント；約束 動 commit をゆだねる ● make a commitment 約束する

5 ☐☐ **continuous** [kəntínjuəs]	形 継続的な 副 continuously 連続的に

6 ☐☐ **step out of ~**	~の外へ出る ≒ get out of ~

7 ☐☐ **organize** [ɔ́:rgənàɪz]	動 を計画する, を準備する 名 organization 組織

8 ☐☐ **excursion** [ɪkskə́:rʒən]	名 小旅行 ≒ outing, company retreat

9 ☐☐ **mandatory** [mǽndətɔ̀:ri]	形 必須の, 強制の ⇔ optional 任意の, 自由選択の

10 ☐☐ **participant** [pərtísɪpənt] ❶	名 関係者, 当事者, 参加者 動 participate 参加する　名 participation 参加

11 ☐☐ **attend** [əténd]	動 に参加する, に出席する 名 attendance 出席　名 attendee 出席者

1

12 ☐☐ **guided** [gáɪdɪd]	形 ガイド付きの 名 guide 案内書，ガイド，案内人
13 ☐☐ **facility** [fəsíləti]	名 施設，設備
14 ☐☐ **employee** [ɪmplɔ́ɪiː] ❶	名 従業員 動 employ を雇う
15 ☐☐ **carry out**	〜を行う
16 ☐☐ **proper** [prá(:)pər]	形 適切な 副 properly 適切に 🔁 suitable
17 ☐☐ **attire** [ətáɪər]	名 服装 🔁 apparel, clothes ● formal attire 正装

企業・オフィス

2 新入社員向けの社内見学 説明

Well, I hope you all **¹found** the morning session on the history of Feigen Furniture **²Factory** interesting. Now, we're going to take a **³tour** of the company. We'll start our tour at the **⁴warehouse**. This is where we **⁵store** all the materials used in our furniture production.

From there, we'll **⁶follow** the entire process of the production of our furniture. You'll see how we **⁷transform** raw materials **into** beautiful furniture pieces. Our final **⁸step** of the tour will be at the **⁹loading** **¹⁰dock**. That is where our finished **¹¹products** are **¹²carefully** **¹³packaged** and loaded onto trucks for **¹⁴delivery**. We ensure that our products reach our customers **¹⁵in good condition**.

The tour will finish at around noon. At that time, we'll **¹⁶head** to the staff cafeteria for lunch. In the afternoon, you'll listen to a presentation by the CEO. He has **¹⁷traveled** **¹⁸all the way** from Sydney to meet you all. And he's looking forward to hearing any questions you may have. Well, **¹⁹make sure** you have all of your **²⁰belongings**. As soon as everyone's ready, we'll begin the tour.

■■ (179 words)

さて，皆さんに午前中の Feigen 家具 ²工場の歴史についてのセッションを興味深い
¹と感じていただけたことを願っています。今から，社内の ³見学を行う予定です。見
学は ⁴倉庫から始めましょう。ここは，家具製造に使用されるすべての材料 ⁵を保管し
ている場所です。

そこから，当社の家具製造の全工程 ⁶を追っていきます。私たちがどのようにして原
材料を美しい家具 ⁷に変えるのかをご覧いただきます。見学の最終 ⁸段階は ⁹搬入 ¹⁰口
です。ここで出来上がった ¹¹商品が ¹²丁寧に ¹³梱包されて ¹⁴配送用のトラックに積み
込まれます。確実に当社の商品が ¹⁵良い状態でお客さまに届くようにしているのです。

見学は正午頃に終了する予定です。その時間には，昼食のために社員食堂に ¹⁶向かい
ます。午後には，CEO によるプレゼンテーションをお聞きいただきます。彼は皆さん
に会うためにシドニーから ¹⁸はるばる ¹⁷旅してきました。また，彼は皆さんのどんな
質問でもお受けすることを楽しみにしています。それでは，すべての ²⁰持ち物を持っ
ていること ¹⁹を確認してください。全員の準備が整い次第，見学を開始します。

1 ☐☐ **find *A* *B***	A を B だと感じる
2 ☐☐ **factory** [fǽktəri]	名 工場
3 ☐☐ **tour** [túər]	名 見学；ツアー 名 tourist 観光客，旅行者
4 ☐☐ **warehouse** [wéərhàus]	名 倉庫 ≒ storehouse
5 ☐☐ **store** [stɔ́ːr]	動 を保管する 名 店 ≒ stock
6 ☐☐ **follow** [fá(ː)lou]	動（の後）を追う；に従う 形 前 following 次の；の後で
7 ☐☐ **transform *A* into *B***	A を B に変える ≒ turn *A* into *B*
8 ☐☐ **step** [step]	名 段階；歩み
9 ☐☐ **loading** [lóudɪŋ]	名 荷積み
10 ☐☐ **dock** [dɑ́(ː)k]	名 積荷場
11 ☐☐ **product** [prá(ː)dʌkt] ❶	名 商品 動 名 produce を生産する；農産物　名 production 生産

12 ☐☐ **carefully** [kéərfəli]	副 注意深く，入念に ⇔ carelessly 不注意にも
13 ☐☐ **package** [pǽkɪdʒ] ❶	動 を梱包する 名 packaging 梱包
14 ☐☐ **delivery** [dɪlívəri]	名 配達 動 deliver 配達する，届ける
15 ☐☐ **in good condition**	良い状態で
16 ☐☐ **head** [hed]	動 向かう〈to 〜に〉 名 頭；長 名 heading 見出し
17 ☐☐ **travel** [trǽvəl]	動 旅をする 🔁 take a trip
18 ☐☐ **all the way**	はるばる
19 ☐☐ **make sure 〜**	〜を確認する
20 ☐☐ **belonging** [bɪlɔ́(ː)ŋɪŋ]	名 (通例 -s) 持ち物 動 belong 属する ● personal belonging 私物

企業・オフィス

3 観光業のウェビナーの案内 説明

Good afternoon, everyone. Thanks for coming to this unscheduled meeting. I would like to announce a mandatory [1]**webinar** we have planned on a topic which is important for our work here at the Montgomery [2]**Tourism** Bureau. We have invited Susan Mitch, a [3]**highly regarded** [4]**lecturer** from the London University of [5]**Modern** Business, to speak on [6]**effective** strategies for attracting tourists to seaside towns.

As many of you are aware, Montgomery has had a [7]**decrease** in visitor numbers in recent months. Many local businesses are currently operating far below [8]**capacity**. [9]**Unless** we take action soon, some might [10]**be forced to** shut down. [11]**Fortunately**, the upcoming webinar will provide information on how to [12]**handle** this situation.

The webinar is scheduled for next Tuesday at 7:00 P.M. I apologize for the late starting time, but it was chosen to avoid [13]**scheduling conflicts**. For your convenience, you can participate using your personal computers either from the office or your home.

During the webinar, you might be asked to share your thoughts. Please ensure your [14]**microphone** is functioning properly. We'll also require all [15]**attendees** to have their cameras on unless there's a specific reason they cannot. [16]**Handouts** will be shared via e-mail attachments prior to the session. [17]**Following** the webinar, you will need to submit a brief report on what you learned. We will schedule follow-up meetings to discuss how to effectively use the new strategies in our operations.

🇬🇧 (234 words)

皆さん，こんにちは。このたびは臨時の会議にお集まりいただきありがとうございます。私はここ，モンゴメリ ²観光局での私たちの仕事にとって重要なトピックに関する，参加必須の ¹ウェビナー を計画していることをお知らせします。海沿いの町に観光客を引き寄せるための ⁶効果的な戦略についてお話しいただくため，ロンドン ⁵現代ビジネス大学から ³高く評価されている ⁴講師である Susan Mitch を招待しました。

皆さんの多くがお気付きのように，モンゴメリでは最近数カ月の間，観光客の数が ⁷減少 しています。多くの地元企業は現在，⁸収容力 をはるかに下回る状態で営業しています。すぐに行動を起こさ ⁹ない限り，閉業 ¹⁰を強いられる企業もあるかもしれません。¹¹幸いなことに，来たるウェビナーはこの状況 ¹²に対処する 方法に関する情報を提供してくれるでしょう。

ウェビナーは来週の火曜日の午後 7 時に予定されています。開始時間が遅いのは申し訳ありませんが，¹³日程が重なるのを避けるために選ばれました。ご都合に合わせて，ご自分のパソコンを使って，オフィスかご自宅のどちらからでもご参加いただけます。

ウェビナー中，自分の考えを共有するようお願いされる可能性があります。ご自身の ¹⁴マイク が適切に機能していることをご確認ください。また，そうすることのできない特別な理由がない限り，すべての ¹⁵参加者 にカメラをオンにしていただきます。¹⁶配布資料 は，セッションの前に E メールの添付ファイルで共有されます。ウェビナー終了 ¹⁷後 には，あなたが学んだことについて簡単なレポートを提出していただきます。新しい戦略を私たちの業務に効果的に活用する方法について話し合うためのフォローアップミーティングを予定しています。

テーマの前置詞

このパッセージには on が多く出てきます。第 1 段落 3 文目の a mandatory webinar ... on a topic や 4 文目の speak on effective strategies，第 2 段落 4 文目の provide information on how to handle，第 4 段落 5 文目の submit a brief report on what you learned は，テーマを表す on というべき用法です。慣れておきましょう。

1 □□ **webinar** [wébɪnàːr]	**名** ウェビナー ● web「ウェブ」とseminar「セミナー」を組み合わせた語
2 □□ **tourism** [túərìzm]	**名** 観光業 **名** tourist 観光客
3 □□ **highly regarded**	高く評価されている **≒** highly rated
4 □□ **lecturer** [léktʃərər]	**名** 講師 **動 名** lecture 講義をする，講演をする：講義，講演
5 □□ **modern** [má(ː)dərn] ●	**形** 現代の **≒** contemporary
6 □□ **effective** [ɪféktɪv]	**形** 効果的な **名** effectiveness 有効性　**副** effectively 効果的に
7 □□ **decrease** [díːkriːs]	**名** 減少　**動** 減少する **↔** increase 増加 ● 動詞の発音は [dìːkríːs]
8 □□ **capacity** [kəpǽsəti]	**名** 収容力
9 □□ **unless** [ənlés] ●	**接** …しない限り **≒** except if
10 □□ **force *A* to *do***	A に〜することを強制する **≒** oblige *A* to *do*
11 □□ **fortunately** [fɔ́ːrtʃənətli]	**副** 幸いなことに **↔** unfortunately 残念ながら，あいにく

12 ☐☐ **handle** [hǽndl]	**動** に対処する **≒** deal with 〜
13 ☐☐ **scheduling conflict**	日程の重なり ● schedule のイギリス英語の発音は [ʃédjuːl]
14 ☐☐ **microphone** [máɪkrəfòʊn] ❶	**名** マイク
15 ☐☐ **attendee** [ətèndíː]	**名** 参加者 **動** attend に参加する　**名** attendance 出席
16 ☐☐ **handout** [hǽndàʊt]	**名** 配布資料
17 ☐☐ **following** [fá(ː)loʊɪŋ]	**前** 〜の後で

企業・オフィス

❹ 新しい機器の導入 会話

M: Hey, have you noticed the new ¹**shelves** they installed? ²**Apparently**, you can adjust them to make more ³**storage** capacity.

W: Yes, but the old forklifts can't reach the top shelves now. That's why they purchased those larger models, right?

M: ⁴**Exactly**! But the manager just ⁵**cautioned** me **against** using them without the proper ⁶**authorization**.

W: Our current forklift ⁷**licenses** won't do?

M: We have to follow the ⁸**safety** ⁹**regulations**. They need us to get additional training from a ¹⁰**certified** ¹¹**instructor** before they can ¹²**assign** us any work with the big forklifts.

W: Do we need to go somewhere special for the training?

M: There are some excellent driving schools nearby. They ¹³**charge** ¹⁴**a good deal of** money, but the company will ¹⁵**reimburse** us.

W: Oh, that's great news! I'll ¹⁶**definitely** ¹⁷**take advantage of** that.

M: After you get the new forklift license, you have to complete some ¹⁸**paperwork** and send it to the ¹⁹**personnel department**, so they can put in your file that you're ²⁰**qualified**.

M: 🇦🇺 W: 🇺🇸 (157 words)

4

M：ねえちょっと，彼らが設置した新しい ¹棚に気が付きましたか。²どうやら，³保管容量を増やすために調節できる<u>みたい</u>です。

W：はい，しかし今の古いフォークリフトでは最上段の棚に届きません。だからあれらのより大きなモデルを購入したんですよね？

M：⁴その通りです！ ですが，私はちょうど今，部長から適切な ⁶<u>許可</u>なくフォークリフトを使わ ⁵<u>ないよう注意され</u>ました。

W：私たちの現在のフォークリフトの ⁷<u>許可証</u>ではだめなのですか。

M：私たちは ⁸<u>安全</u> ⁹<u>規則</u>に従わなければなりません。彼らが大きなフォークリフトを使う仕事を私たち ¹²<u>に任せる</u>ためには，私たちは ¹⁰<u>公認の</u> ¹¹<u>指導者</u>から追加のトレーニングを受ける必要があります。

W：トレーニングのためには，どこか特別な場所に行かなければならないのですか。

M：近くにいくつかの素晴らしい運転教習所があります。¹⁴<u>たくさんのお金が</u> ¹³<u>かかります</u>が，会社が私たち ¹⁵<u>に返済して</u>くれます。

W：ああ，それは良いですね！ ¹⁶<u>間違いなく</u>それ ¹⁷<u>を利用する</u>つもりです。

M：新しいフォークリフトの許可証を取った後，彼らがあなたのファイルに ²⁰<u>資格を有する</u>と記載することができるように，¹⁸<u>書類</u>に記入してそれを ¹⁹<u>人事課</u>に送らなければなりません。

1 ☐☐ **shelf** [ʃelf]	**名** 棚 ● 複数形は shelves
2 ☐☐ **apparently** [əpǽrəntli]	**副** どうやら〜らしい，たぶん **形** apparent 明白な
3 ☐☐ **storage** [stɔ́ːrɪdʒ] ❶	**名** 保管 **動** store を備える，を保管する
4 ☐☐ **exactly** [ɪgzǽktli]	**副** （返答で）その通り；正確に **形** exact 正確な，厳密な
5 ☐☐ **caution *A* against *doing***	Aに〜しないよう注意する
6 ☐☐ **authorization** [ɔ̀ːθərəzéɪʃən]	**名** 許可 **動** authorize を許可する
7 ☐☐ **license** [láɪsəns]	**名** 許可証，免許証 **形** licensed 許可された，免許を受けた
8 ☐☐ **safety** [séɪfti]	**名** 安全 **副** safely 無事に，無傷で ● safety precautions 安全上の注意
9 ☐☐ **regulation** [règjuléɪʃən]	**名** 規則 **動** regulate を規制する
10 ☐☐ **certified** [sɔ́ːrtɪfàɪd]	**形** 公認の **動** certify を証明する，を認定する
11 ☐☐ **instructor** [ɪnstrʌ́ktər]	**名** 指導者 **動** instruct に指示する

12 **assign** [əsáɪn] ❶	**動** に任せる **名** assignment 任命
13 **charge** [tʃɑːrdʒ]	**動** を請求する **名** 料金，手数料 **名** charger 充電器
14 **a good deal of ～**	たくさんの～
15 **reimburse** [rìːɪmbə́ːrs]	**動** に返済する **名** reimbursement 返済
16 **definitely** [défənətli]	**副** 間違いなく **動** define を定義する　**名** definition 定義 **形** definite 明確な
17 **take advantage of ～**	～を利用する
18 **paperwork** [péɪpərwə̀ːrk]	**名** 書類 📄 document
19 **personnel department**	人事課 📄 human resources department ● department には「課」という意味がある
20 **qualify** [kwá(ː)lɪfàɪ]	**動** に資格を与える **名** qualification 資格 ● be qualified「資格がある」の形で使われることもある

企業・オフィス

5 エネルギー削減のための方法 [会話]

M: Good morning, everyone. I've called this meeting to ¹**discuss** a solution to our rising power costs. In the last meeting, we ²**agreed to** consider installing solar panels on the roof of our factory. I've done some research, and I think I've found a good ³**supplier**.

W1: I'm ⁴**a bit** ⁵**hesitant** to agree without more information. I'm worried about the weight of the panels on the roof.

M: I know what you mean, but these panels have a lightweight design that our roof can easily support.

W2: OK. Do we have any ⁶**testimonials** or advice from other factories that have made a similar transition?

M: Absolutely. I've ⁷**gathered** some case studies. One factory, ⁸**in particular**, saw a 20 percent decrease in their energy costs within the first year. And their ⁹**production** capacity ¹⁰**remained** ¹¹**stable**. Feel free to look through the data yourself.

W1: That's a big saving, and I'm impressed that it didn't ¹²**disrupt** work at the factory.

W2: I ¹³**am concerned about** the trees around the factory. Won't they ¹⁴**cast a shadow** on the panels?

M: Luckily, they're on the north side of the building, so we don't need to worry about them.

W1: OK. It's a large ¹⁵**investment**, though. Can we ¹⁶**afford** it right now?

M: It will be expensive, but I don't think it's ¹⁷**financially** risky.

W2: Well, let's talk to the ¹⁸**accountants** before we make a final decision.

M: 🇨🇦 W1: 🇺🇸 W2: 🇬🇧 (221words)

M：皆さん，おはようございます。当社の電力費用の増加に対する解決策 ¹を話し合うために，この会議を招集しました。前回の会議で，工場の屋根にソーラーパネルを設置することを検討 ²することに合意しましたね。少し調べてみたのですが，良い ³業者が見つかったと思います。

W1：もっと情報がないと賛成するのは ⁴少し ⁵ためらいますね。屋根に載せるパネルの重さが心配です。

M：あなたの言いたいことはわかりますが，これらのパネルはうちの屋根でも簡単に支えられる軽量デザインです。

W2：わかりました。似たような移行をした他の工場からの ⁶証言や助言はありますか。

M：もちろんです。いくつかの事例研究 ⁷を集めました。ある工場では，⁸特に，最初の１年以内にエネルギー費用が 20％減少しました。しかも，⁹生産能力は ¹¹安定した ¹⁰ままでした。自由にご自分で情報を見てください。

W1：それは大きな節約になりますね，そして私はそれが工場での仕事 ¹²を混乱させなかったことに感心しました。

W2：私は工場の周りの木 ¹³について心配しています。それらはパネルに ¹⁴影を落としませんか。

M：幸いなことに，建物の北側にあるので，それらについて心配する必要はありません。

W1：わかりました。しかし，それは大きな ¹⁵投資ですね。今すぐに設置することができる ¹⁶余裕はありますか。

M：高くつきそうですが，¹⁷財政的に危険だとは思いません。

W2：では，最終決定をする前に ¹⁸会計士に相談しましょう。

エネルギー削減のための方法

1 ☐☐
discuss
[dɪskʌ́s]

> 動 を話し合う
> 名 discussion 議論，討論

2 ☐☐
agree to do

> ～することに同意する

3 ☐☐
supplier
[səpláɪər]

> 名 業者
> 動 supply を供給する

4 ☐☐
a bit

> 少し
> ≒ a little

5 ☐☐
hesitant
[hézɪtənt]

> 形 ためらう
> 動 hesitate ためらう　副 hesitantly ためらいがちに
> ● be hesitant to do ～するのをためらう

6 ☐☐
testimonial
[tèstɪmóʊniəl]

> 名 証言，推薦

7 ☐☐
gather
[ɡǽðər]

> 動 を集める
> 名 gathering 集まること

8 ☐☐
in particular

> 特に
> ≒ especially

9 ☐☐
production
[prədʌ́kʃən]

> 名 生産
> 動 produce 製造する，生産する

10 ☐☐
remain
[rɪméin]

> 動 のままである
> ≒ stay
> ● この意味のとき，remain の後ろには形容詞が続く

11 ☐☐
stable
[stéɪbl]

> 形 安定した；落ち着いた
> 動 stabilize を安定させる
> ⇔ unstable 不安定な

12 ☐☐ **disrupt** [dɪsrʌ́pt]	**動** を混乱させる **名** disruption 混乱，中断
13 ☐☐ **be concerned** **about ~**	~について心配している 🔄 be worried about ~
14 ☐☐ **cast a shadow**	影を落とす ● TOEIC では Part 1 に頻出の表現
15 ☐☐ **investment** [ɪnvéstmənt]	**名** 投資 **動** invest を投資する
16 ☐☐ **afford** [əfɔ́ːrd]	**動** をする［持つ］余裕がある ● can afford to *do* ~する（経済的・時間的な）余裕がある
17 ☐☐ **financially** [fənǽnʃəli]	**副** 財政的に **名** finance 財政，財務　**形** financial 財政的な
18 ☐☐ **accountant** [əkáʊntənt]	**名** 会計士 **動 名** account を説明する；報告，口座

企業・オフィス

6 予算超過の相談 Eメール

To: Rosa Rodriguez   From: Matthew Hartley
Subject: Update
Attachment: budget_and_timeline

Dear Ms. Rodriguez,

I wanted to ¹**get in touch with** you concerning the new dental clinic we are constructing for our ²**client** at 12 Maple Street in Carleton. I ³**regret** to inform you that we are ⁴**at risk** of ⁵**going over** ⁶**budget** and finishing ⁷**behind schedule**. Please ⁸**take a look at** the ⁹**revised** budget and timelines I have attached.

First, the continuous stormy weather forced us to ¹⁰**shut down** the ¹¹**construction** site throughout last week. Regardless of the lack of progress, we have had to spend our budget on paying our builders for their time. Thankfully, the ¹²**weather forecast** is for sunny skies next week, so we might be able to catch up a little.

There has also been a sudden increase in the cost of ¹³**materials**, but our budget ¹⁴**calculations** did not ¹⁵**take** it **into account**. The costs of painting and ¹⁶**plumbing** supplies in particular have increased ¹⁷**significantly**. I have discussed the situation with the supplier, who has agreed to give us a ¹⁸**discount** if we ¹⁹**are willing to** order from them exclusively for the next 12 months.

I think we have to accept the offer if we hope to keep from going over budget as much as possible.

Best regards,

Matthew Hartley — Project Manager, Walton Construction Company

(219 words)

受信者：Rosa Rodriguez　送信者：Matthew Hartley
件名：アップデート
添付ファイル：予算と予定表

Rodriguez さま

カールトンのメープル通り 12 番地にて，私たちが ²お客さまのために建設している新しい歯科医院について，¹ご連絡したいと思いました。³残念ながら，⁶予算 ⁵オーバー，また ⁷予定より遅れて終了する ⁴恐れがあることをお知らせします。私が添付した ⁹修正された予算と予定表 ⁸を見てください。

まず，暴風雨続きの天候により，私たちは ¹¹工事現場を先週 1 週間通して ¹⁰閉鎖せざるを得ませんでした。 進展がないのにもかかわらず，建設業者が費やした時間への支払いに予算を使わなければなりませんでした。ありがたいことに，来週は晴れの ¹²天気予報なので，少しは遅れを取り戻すことができるかもしれません。

¹³材料費の急な上昇もありましたが，私たちの予算 ¹⁴計算では ¹⁵考慮していませんでした。特に塗装と ¹⁶配管用品の費用が ¹⁷大幅に増加しました。業者とこの状況について話し合ったところ，今後 12 カ月間，彼らから独占的に発注 ¹⁹するのをいとわないのであれば，¹⁸値引きしてくれるということに同意してくれました。

できる限り予算オーバーを防ぎたいのであれば，私たちはこの提案を受け入れなければならないと思います。

よろしくお願いいたします。

Walton 建設会社　プロジェクトマネージャー　Matthew Hartley

予算超過の相談

1 ☐☐ **get in touch with** **〜**	〜に連絡する 🔄 contact ● cf. be in touch with 〜 〜と連絡を取り合っている
2 ☐☐ **client** [kláɪənt]	名 顧客 🔄 customer
3 ☐☐ **regret** [rɪɡrét]	動 を後悔する 形 regretful 後悔している　副 regretfully 後悔して ● regret to *do* 残念ながら〜する
4 ☐☐ **at risk**	危険にさらされている
5 ☐☐ **go over 〜**	〜を超える 🔄 exceed, surpass
6 ☐☐ **budget** [bʌ́dʒət]	名 予算 ● limited budget 限られた予算
7 ☐☐ **behind schedule**	予定より遅れて 🔄 ahead of schedule 予定より早く
8 ☐☐ **take a look at 〜**	〜を見る 🔄 have a look at 〜
9 ☐☐ **revise** [rɪváɪz]	動 を修正する 名 revision 修正
10 ☐☐ **shut down**	〜を閉鎖する
11 ☐☐ **construction** [kənstrʌ́kʃən]	名 建設 動 construct を建設する ● construction site 工事現場

12 ☐☐ **weather forecast**	天気予報 ● according to the weather forecast 天気予報によると
13 ☐☐ **material** [mətíəriəl]	名 材料
14 ☐☐ **calculation** [kæ̀lkjuléɪʃən]	名 計算 動 calculate を計算する
15 ☐☐ **take into account**	～を考慮する ⊟ consider
16 ☐☐ **plumbing** [plʌ́mɪŋ]	名 配管 名 plumber 配管工 ● TOEIC 頻出の職業
17 ☐☐ **significantly** [sɪɡnífɪkəntli]	副 かなり 形 significant 重要な，重大な
18 ☐☐ **discount** [dískaʊnt] ❶	名 値引き 動 を割引する
19 ☐☐ **be willing to** *do*	～するのをいとわない ⊠ be unwilling to *do* ～したくない

7 収益報告 電話のメッセージ

Hello, Alex. It's Ted Rosen speaking. I've reviewed the [1]**recent** sales data for our [2]**organic** granola, and the results are [3]**certainly** [4]**impressive**. With this product and also the organic snack bars experiencing a sales [5]**increase** of around twenty percent, it's [6]**clear** that our spring marketing [7]**effort** has [8]**paid off**. I don't think it's a [9]**coincidence** that the two products you assigned to Camden Marketing Company were the ones that showed the biggest sales [10]**growth**.

Your decision to [11]**engage** Camden Marketing Company based on the television and print [12]**advertising** you [13]**observed** was clearly correct. Let's give them a few more products to promote in the fall and winter [14]**quarters**. Depending on the success of these [15]**campaigns**, we can discuss offering a long-term [16]**contract** as our main marketing firm.

With this in mind, I would like you to [17]**set up** a meeting with their CEO and the team that managed our granola campaign. We should congratulate them [18]**in person** and exchange views on future plans. I'm available next Monday and Tuesday. I'd prefer a morning session, but I'm willing to meet in the afternoon if their schedules are tight.

🇨🇦 (187 words)

もしもし，Alex。Ted Rosen です。当社の ²オーガニックグラノーラの ¹最近の販売データを見直しましたが，その結果は ³確かに ⁴印象的でした。この商品とオーガニックスナックバーもまた売り上げが約 20% ⁵増加しており，春のマーケティング ⁷努力が ⁸報われたことは ⁶明らかです。あなたが Camden マーケティング社に依頼した 2 つの商品が最も売り上げの ¹⁰増加を見せたのは，⁹偶然ではないと思います。

あなたが ¹³気付いたテレビと印刷 ¹²広告に基づいて，Camden マーケティング社 ¹¹と契約しようというあなたの決断は，明らかに正しかったです。秋から冬にかけての ¹⁴四半期に，もう少し彼らに販促のための商品を提供しましょう。これらの ¹⁵キャンペーンの成功次第では，当社の主要マーケティング会社として長期 ¹⁶契約を提供することも検討できます。

このことを念頭に置いて，彼らの CEO と当社のグラノーラ・キャンペーンを担当したチームとの会議 ¹⁷を準備してほしいです。彼らに ¹⁸直接祝辞を述べ，今後の計画について意見交換をするべきです。私は来週の月曜日と火曜日なら都合がつきます。午前中が望ましいですが，もし彼らの予定がタイトであれば，午後でも構いません。

収益報告

1 ☐☐ **recent** [ríːsənt] ❶	形 最近の 副 recently 最近
2 ☐☐ **organic** [ɔːrgǽnɪk] ❶	形 有機栽培の 副 organically 有機栽培で
3 ☐☐ **certainly** [sə́ːrtənli]	副 確かに 形 certain 確信している
4 ☐☐ **impressive** [ɪmprésɪv]	形 印象的な 動 impress に感銘を与える　名 impression 印象
5 ☐☐ **increase** [íŋkriːs] ❶	名 増加　動 増加する ⇔ decrease 減少 ● 動詞の発音は [ɪnkríːs]
6 ☐☐ **clear** [klíər]	形 明らかな 副 clearly はっきりと，明らかに
7 ☐☐ **effort** [éfərt] ❶	名 努力 ● make an effort 努力する
8 ☐☐ **pay off**	報われる
9 ☐☐ **coincidence** [kouínsɪdəns] ❶	名 （偶然の）一致 動 coincide 同時に起こる　形 coincident 同時に起こって
10 ☐☐ **growth** [grouθ]	名 増加 動 grow 成長する，増える
11 ☐☐ **engage** [ɪngéɪdʒ]	動 を雇う，を従事させる 名 engagement 契約 ● be engaged in ～ ～に従事している

12 ☐☐ **advertising** [ǽdvərtàɪzɪŋ]	名 広告 動 advertise を広告する　名 advertisement 広告
13 ☐☐ **observe** [əbzə́:rv]	動 に気が付く；を観察する 名 observation 観察
14 ☐☐ **quarter** [kwɔ́:rʧər] ❶	名 四半期 形 quarterly 四半期の
15 ☐☐ **campaign** [kæmpéɪn] ❶	名 キャンペーン
16 ☐☐ **contract** [ká(:)ntrækt] ❶	名 契約　動 契約する ● 動詞の発音は [kəntrǽkt] ● make a contract 契約する
17 ☐☐ **set up**	～を準備する 🗒 organize
18 ☐☐ **in person**	直接

企業・オフィス

8 航空会社の歴史 説明

Congratulations on ¹**joining** Vista Airlines! Before we begin the ²**orientation** for the training week, let me take a moment to provide an ³**overview** of how the company started and how it has grown over time.

Fifty years ago, our ⁴**CEO**, Mark Joseph, began a small transportation company that ⁵**operated** solely between Kansas and Oklahoma City. ⁶**Despite** its modest start, the company was built up on a dedication to ⁷**exceptional** service and reliability.

In the early 1980s, we ⁸**introduced** a ⁹**groundbreaking** loyalty program that ¹⁰**emphasized** ¹¹**personalized** services, customer engagement, and great rewards, setting a new ¹²**standard** for the ¹³**passenger** experience.

Today, Vista Airlines continues to stand as a ¹⁴**leading** company of the airline industry. Our research and development team is currently ¹⁵**focusing on** ¹⁶**enhancing** technologies such as ¹⁷**sustainable** ¹⁸**aviation** fuels, advanced aircraft designs, and digital solutions. We hope you will all ¹⁹**appreciate** this history, and ²⁰**contribute** to its ongoing success.

(149 words)

Vista 航空への ¹入社, おめでとうございます！ 研修週間の ²オリエンテーションを始める前に, 会社がどのようにスタートし, 時間の経過とともにどのように成長してきたのかについての ³概要を説明するため, 少し時間を取らせてください。

50 年前, 当社の ⁴CEO である Mark Joseph は, カンザスとオクラホマシティ間のみを ⁵運航する小さな運送会社を始めました。控えめなスタート ⁶にもかかわらず, ⁷特別優れたサービスと信頼性への献身によって会社は築き上げられました。

1980 年代初頭には, ¹¹一人一人に合わせたサービス, お客さまとのかかわり, そして素晴らしい特典 ¹⁰を重要視した ⁹画期的なロイヤルティプログラム ⁸を導入し, ¹³乗客体験に新たな ¹²基準を打ち立てました。

今日, Vista 航空は航空業界の ¹⁴主要企業としての地位を確立し続けています。当社の研究開発チームは現在, ¹⁷持続可能な ¹⁸航空燃料, 先進的な航空機設計, そしてデジタル解決策などの技術 ¹⁶を高めること ¹⁵に注力しています。私たちは, 皆さまがこの歴史 ¹⁹を正しく理解し, 継続している成功に ²⁰貢献することを願っています。

1 ☐☐ **join** [dʒɔɪn]	**動** に入る
2 ☐☐ **orientation** [ɔ̀ːriəntéɪʃən]	**名** オリエンテーション ● orientation session（新入社員などを対象にした）説明会
3 ☐☐ **overview** [óʊvərvjùː]	**名** 概要 **動** を概観する
4 ☐☐ **CEO** [sìːiːóʊ]	**名** CEO，最高経営責任者 ● chief executive officer の略
5 ☐☐ **operate** [ɑ́(ː)pərèɪt] ❶	**動** 運航する，操業する **名** operation 操業
6 ☐☐ **despite** [dɪspáɪt]	**前** にもかかわらず 🟰 in spite of 〜
7 ☐☐ **exceptional** [ɪksépʃənəl]	**形** 特別優れた **名** exception 例外 🟰 outstanding
8 ☐☐ **introduce** [ìntrədjúːs]	**動** を導入する **名** introduction 導入　**形** introductory 入門的な
9 ☐☐ **groundbreaking** [gráʊndbrèɪkɪŋ] ❶	**形** 革新的な
10 ☐☐ **emphasize** [émfəsàɪz]	**動** を重要視する **名** emphasis 強調，重点
11 ☐☐ **personalized** [pə́rsənəlàɪzd]	**形** 個別の，一人一人に合わせた **動** personalize を個人の注文に合わせる

12 □□ **standard** [stǽndərd]	名 基準 形 標準の
13 □□ **passenger** [pǽsɪndʒər] ❶	名 乗客；旅客
14 □□ **leading** [líːdɪŋ]	形 主要な，一流の ● leading company 大手企業
15 □□ **focus on ～**	～に注力する ▤ put a focus on ～
16 □□ **enhance** [ɪnhǽns]	動 を高める 名 enhancement 強化
17 □□ **sustainable** [səstéɪnəbl]	形 持続可能な，環境に優しい 動 sustain を維持する　名 sustainability 持続可能性
18 □□ **aviation** [èɪviéɪʃən]	名 航空
19 □□ **appreciate** [əpríːʃièɪt] ❶	動 を正しく理解する 名 appreciation 正しい理解
20 □□ **contribute** [kəntríbjət] ❶	動 貢献する〈to ～に〉 名 contribution 貢献

8

9 企業合併の記事 記事

TechBridge Solutions, an industry leader in data management, has recently completed a [1]**merger** with Quantum Analytics, a [2]**major** producer of storage [3]**devices**. As part of the merger process, TechBridge Solutions has announced that it will be [4]**completely** [5]**renovating** its [6]**headquarters**.

The last [7]**substantial** update to the building was completed a [8]**decade** ago, and with the merger, an update is necessary to meet the needs of the expanded company. The renovation will begin on July 5 and is [9]**expected to** [10]**span** six weeks. During this time, the public spaces and conference rooms will get modern [11]**furnishings**, new carpets, and fresh paint.

The [12]**expansion** includes an increase in capacity for the main hall by an additional 300 seats to better serve the [13]**growing** number of employees and to [14]**facilitate** large-scale meetings previously hosted at local conference centers and hotels.

As TechBridge Solutions modernizes its headquarters, employees will [15]**switch** to remote work, using the software and storage solutions developed by both companies. This collaborative effort is sure to [16]**allow** smooth operations during renovations and provide an example of the company's advanced work-from-home capabilities.

The company CEO, Wendel Holt, has stated that TechBridge Solutions, with support from Quantum Analytics, is about to make huge [17]**advancements** in data management and storage services. Holt said, "Our future plans focus on developing new technologies and [18]**expanding** the company's global market reach."

■ (224 words)

データ管理において業界トップである TechBridge Solutions は, 記憶[3]装置の[2]大手生産者である Quantum Analytics との[1]合併を最近完了しました。合併プロセスの一環として, TechBridge Solutions は[4]全面的に[6]本社[5]を改装すると発表しました。

前回の[7]大幅な建物の改修は[8]10 年前に完了しましたが, 合併に伴い, 拡大した会社のニーズに応えるために改修が必要です。改修工事は 7 月 5 日に開始され, 6 週間[10]に及ぶ[9]と予想されています。この期間, 公共スペースと会議室はモダンな[11]備え付け家具が設置され, 新しいカーペットが敷かれ, ペンキも塗り替えられます。

今回の[12]拡張では, メインホールの収容人数がさらに 300 席増やされ,[13]増加する従業員数へのサービス向上と, 以前は地元の会議センターやホテルで開催されていた大規模な会議の[14]円滑化を図ります。

TechBridge Solutions が本社を近代化するのに伴い, 従業員は両社が開発したソフトウェアとストレージ・ソリューションを活用しながら, リモートワークへ[15]切り替える予定です。この協力的な取り組みは, 改修中のスムーズな業務[16]を可能にし, 高度な在宅勤務機能の一例となるに違いありません。

CEO の Wendel Holt は, TechBridge Solutions が Quantum Analytics による支援を受けて, データ管理とストレージサービスにおいて大きな[17]進歩を遂げようとしていると述べました。「当社の将来計画は, 新技術を開発することと, 会社のグローバルな市場範囲[18]を拡大することに重点を置いています」と言いました。

企業合併の記事

1 ☐☐ **merger** [mɔ́:rdʒər]	**名** 合併 **動** merge 合併する
2 ☐☐ **major** [méɪdʒər] ❶	**形** 主要な ⬌ minor 比較的重要でない
3 ☐☐ **device** [dɪváɪs]	**名** 装置，器具 **動** devise を考案する
4 ☐☐ **completely** [kəmplí:tli]	**副** 完全に **動** complete を完成させる，を仕上げる
5 ☐☐ **renovate** [rénəvèɪt]	**動** を改装する **名** renovation 改装
6 ☐☐ **headquarters** [hédkwɔ̀:rt̬ərz]	**名** 本社 ● 必ず語尾に s を付けて使う
7 ☐☐ **substantial** [səbstǽnʃəl] ❶	**形** 大幅な，かなりの **副** substantially かなり ● substantial discount 大幅な割引
8 ☐☐ **decade** [dékeɪd]	**名** 10 年間 ● cf.「100 年間」は century
9 ☐☐ **expect A to do**	A が〜すると予想する
10 ☐☐ **span** [spæn]	**動** に及ぶ **名** 期間，範囲
11 ☐☐ **furnishing** [fɔ́:rnɪʃɪŋ]	**名**（通例 -s）備え付け家具 🔁 furniture

12 □□ **expansion** [ɪkspǽnʃən]	**名** 拡張
13 □□ **growing** [gróʊɪŋ]	**形** 増加する，大きくなる
14 □□ **facilitate** [fəsílətèɪt]	**動** を容易にする，を促進する **名** facilitation 容易にすること，促進 **名** facilitator 進行役
15 □□ **switch** [swɪtʃ]	**動** 切り替える **名** 切り替え，交換
16 □□ **allow** [əláʊ] ❶	**動** を可能にする **≒** permit ● allow *A* to *do* A が〜することを可能にする
17 □□ **advancement** [ədvǽnsmənt]	**名** 進歩 **動** advance 前進する　**形** advanced 先進の，進歩した
18 □□ **expand** [ɪkspǽnd]	**動** を拡大する **名** expansion 拡大，拡張

10 オフィス家具の会社 　広告

EcoFurnish Innovations: Eco-Friendly Office Furniture

[1]**Upgrade** your office with EcoFurnish Innovations, a leading [2]**provider** of office furniture [3]**crafted** from high-quality recycled materials. Our [4]**award-winning** company [5]**delivers** across the USA, offering stylish yet [6]**durable** designs at [7]**competitive** prices.

Our product line, which has received the prestigious Green Design Award, [8]**showcases** our [9]**dedication** to the environment and our love for [10]**innovation**. We've been [11]**recognized** in top publications such as *EcoHome Magazine* and [12]**featured** on the television program *The Future Now*, both of which praised the company for its sustainable [13]**practices**.

Check out our online catalog at www.ecofurnishinnovations.com. We have recently expanded our product [14]**line** to include boardroom tables, sofas, and bookcases. These [15]**reasonably** priced items look and feel far more expensive than they really are. Like our other products, they are all produced at our factory in Maine by skilled [16]**craftspeople** and come with a 10-year warranty.

At EcoFurnish Innovations, you'll find a wide [17]**range** of furniture that [18]**suits** any office's [19]**decorating** theme while supporting a greener planet.

EcoFurnish Innovations – Where style and sustainability meet [20]**value**.

(174 words)

EcoFurnish Innovations – 環境に優しいオフィス家具

高品質のリサイクル素材で³作られたオフィス家具の主要な²販売会社であるEcoFurnish Innovations で, オフィス¹をグレードアップしましょう。⁴受賞歴のある当社は, スタイリッシュでありながら⁶耐久性のあるデザインを⁷他社に負けない価格で提供し, アメリカ全土に⁵お届けしています。

栄誉あるグリーンデザイン賞を受賞した当社の製品ラインは, 当社の環境への⁹献身と¹⁰革新への愛情⁸を示しています。当社は『エコホーム誌』などの一流出版物で¹¹評価され, またテレビ番組『未来と今』でも¹²取り上げられましたが, いずれも持続可能な¹³実践に対して当社を称賛しました。

www.ecofurnishinnovations.com にて, 当社のオンラインカタログをチェックしてください。当社は最近, 会議室の机, ソファ, そして書棚にまで製品¹⁴ラインを拡大しました。これらの¹⁵手頃な価格の商品は, 実際よりもはるかに高価に見え, またはるかに高価に感じられます。当社の他の製品と同様に, これらはすべてメインにある工場で熟練した¹⁶職人によって生産され, 10 年間の保証が付いています。

EcoFurnish Innovations では, より環境に優しい惑星を維持しながら, いかなるオフィスの¹⁹装飾テーマ¹⁸にも合う広い¹⁷範囲の家具を見つけられるでしょう。

EcoFurnish Innovations—スタイルと持続可能性が²⁰価値と出合う場所。

比較級を強調する副詞

第 3 段落 3 文目 far more expensive「はるかに高価な」の far は比較級の程度を強める副詞です。これ以外に同様の役割を果たす副詞として, much, even, still, yet, a lot なども覚えておきましょう。

1 ☐☐ **upgrade** [ʌ́pgréɪd] ❶	動 をグレードアップする　名 グレードアップ ● 名詞の発音は [ʌ́pgreɪd]
2 ☐☐ **provider** [prəváɪdər]	名 供給する人，業者 動 provide を提供する，を供給する
3 ☐☐ **craft** [kræft]	動 を（手で）作る 名 手工芸
4 ☐☐ **award-winning** [əwɔ́ːrdwìnɪŋ]	形 受賞した
5 ☐☐ **deliver** [dɪlívər]	動 届ける，配達する 名 delivery 配達　名 deliverer 配達人
6 ☐☐ **durable** [djúərəbl]	形 耐久性のある 名 durability 耐久性　副 durably 丈夫に ⇔ fragile もろい，壊れやすい
7 ☐☐ **competitive** [kəmpétətɪv]	形 他社に負けない 動 compete 競う　名 competition 競争 ● competitive price 他社に負けない価格
8 ☐☐ **showcase** [ʃóʊkèɪs]	動 を示す；を展示する
9 ☐☐ **dedication** [dèdɪkéɪʃən]	名 献身 動 dedicate を捧げる　形 dedicated 献身的な
10 ☐☐ **innovation** [ìnəvéɪʃən]	名 革新 動 innovate 刷新する
11 ☐☐ **recognize** [rékəgnàɪz] ❶	動 を評価する 名 recognition 評価　形 recognizable 見分けがつく

12 □□ **feature** [fíːtʃər] ❶	動 を取り上げる，を特集する 名 特徴
13 □□ **practice** [prǽktɪs]	名 実践；練習 動 を実践する；を練習する ⇔ theory 理論
14 □□ **line** [laɪn]	名 ライン，商品種類 ● product line 製品ライン
15 □□ **reasonably** [ríːzənəbli]	副 適当に，適度に，ほどほどに 形 reasonable 妥当な ● reasonably priced「手頃な価格の」の形で覚える
16 □□ **craftsperson** [krǽftspə̀ːrsən]	名 職人
17 □□ **range** [reɪndʒ] ❶	名 範囲
18 □□ **suit** [suːt] ❶	動 に合う　名 スーツ 形 suitable 適した，ふさわしい
19 □□ **decorate** [dékərèɪt] ❶	動 を装飾する 名 decoration 装飾
20 □□ **value** [vǽljuː]	名 価値 動 を評価する 形 valuable 価値の高い

11 社員食堂オープンの E メール　Ｅメール

To: All Staff　From: Dale Olyphant
Subject: Exciting News

Dear All,

I am pleased to announce the opening of the new cafeteria on the top floor of our ¹**corporate** building.

The cafeteria has an impressive cityscape view, providing an ideal location for both ²**dining** and ³**informal** meetings. Award-winning interior designer, Elisa Whitmore, ⁴**came up with** the design, which is both visually pleasing and ⁵**extremely** ⁶**functional**.

At lunchtime, there will be a ⁷**buffet** service featuring ⁸**an array of** dishes which includes ⁹**a wide selection of** vegetarian ¹⁰**options**. Our catering team ¹¹**consists of** chefs from recognized cooking schools, ensuring the highest standards of food preparation and safety.

Management has decided to ¹²**subsidize** the cost of dining in this new facility, making it an affordable option for everyone. ¹³**Moreover**, as a gesture of appreciation for the hard work of our staff, who ¹⁴**is responsible for** the company's financial success, we will be ¹⁵**granting** the top-performing employees from each department free meals in the cafeteria for an entire month.

After the lunch service, the space will be ¹⁶**available** for meetings or special events. Please reserve it ¹⁷**in advance** using our online booking system.

Best regards,

Dale Olyphant — CEO, EduPulse

(195 words)

受信者：全従業員　送信者：Dale Olyphant
件名：わくわくするようなニュース

従業員各位

¹会社の建物の最上階にある新しいカフェテリアの開店をお知らせすることができ，うれしく思います。

カフェテリアからは印象的な街並みを眺めることができ，²お食事にも³非公式の会議にも理想的な場所を提供します。受賞歴のあるインテリア・デザイナーの Elisa Whitmore が⁴思い付いたそのデザインは，視覚的にも楽しく，また⁵非常に⁶機能的です。

ランチタイムには，⁹幅広いベジタリアンの ¹⁰選択肢を含む⁸ずらりと並んだ料理を特徴とする，⁷ビュッフェサービスを提供します。当社のケータリングチームは，有名な料理学校を卒業したシェフ ¹¹から成り立っており，最高水準の食品の調理と安全性を保証しています。

経営陣は，この新しい施設での食事代 ¹²を補助することを決定し，この施設での食事が全員にとって手頃な選択肢となるようにしました。¹³さらに，会社の経済的成功 ¹⁴に責任があるスタッフの努力に感謝の意を表し，各部門の成績優秀者には，カフェテリアでの丸１カ月間の食事無料権 ¹⁵を授与することにしました。

ランチ営業終了後，その空間はミーティングや特別イベントに ¹⁶ご利用いただけます。当社のオンライン予約システムを使い，¹⁷事前にご予約ください。

敬具

EduPulse　最高経営責任者　Dale Olyphant

社員食堂オープンの E メール

1 ☐☐ **corporate** [kɔ́ːrpərət]	形 会社の 名 corporation 法人 ● cooperate「協力する」とスペルが似ているので注意
2 ☐☐ **dining** [dáɪnɪŋ]	名 食事
3 ☐☐ **informal** [ɪnfɔ́ːrməl]	形 非公式の；打ち解けた ⇔ formal 正式の
4 ☐☐ **come up with ~**	~を思い付く
5 ☐☐ **extremely** [ɪkstríːmli]	副 非常に 形 extreme 極端な ● 形容詞や分詞を修飾する副詞で，動詞を修飾することはできない
6 ☐☐ **functional** [fʌ́ŋkʃənəl]	形 機能的な 名 function 機能　副 functionally 機能的に
7 ☐☐ **buffet** [bəféɪ] ❶	名 ビュッフェ
8 ☐☐ **an array of ~**	ずらりと並んだ~ ● array は名詞で「配列，整列」という意味がある
9 ☐☐ **a wide selection of ~**	幅広い~
10 ☐☐ **option** [á(:)pʃən]	名 選択肢 形 optional 選択の
11 ☐☐ **consist of ~**	~から成り立つ 冒 be composed of ~

12 □□ **subsidize** [sʌ́bsɪdàɪz]	動 に補助金を与える 名 subsidy 補助金
13 □□ **moreover** [mɔːróuvər] ❶	副 さらに 🔁 furthermore
14 □□ **be responsible for ～**	～に責任がある
15 □□ **grant *A B***	A に B を与える ● grant には名詞で「助成金」の意味もある
16 □□ **available** [əvéɪləbl] ❶	形 利用できる ↔ unavailable 入手できない
17 □□ **in advance**	事前に 🔁 beforehand

1 次の日本語の意味の単語を下の❶ 〜 ⓰の中から選びなさい。

（1）予算 （ ）

（2）をする余裕がある （ ）

（3）現代の （ ）

（4）契約 （ ）

（5）にもかかわらず （ ）

（6）適当に （ ）

（7）大幅な （ ）

（8）関係者 （ ）

（9）を拡大する （ ）

（10）注意深く （ ）

（11）ためらう （ ）

（12）に返済する （ ）

（13）会社の （ ）

（14）保管 （ ）

（15）貢献する （ ）

（16）値引き （ ）

---

❶ substantial	❷ reimburse	❸ budget	❹ carefully
❺ hesitant	❻ discount	❼ storage	❽ despite
❾ corporate	❿ modern	⓫ reasonably	⓬ participant
⓭ contribute	⓮ afford	⓯ contract	⓰ expand

2 次の単熟語の意味に最も近いものをそれぞれ ❶ ～ ❹ の中から 1 つ選びなさい。

（1）storehouse

❶ facility ❷ warehouse

❸ advertising ❹ option

（2）a little

❶ all the way ❷ extremely

❸ in good condition ❹ a bit

（3）organize

❶ assign ❷ set up

❸ carry out ❹ go over ～

（4）outstanding

❶ certified ❷ exceptional

❸ clear ❹ competitive

（5）customer

❶ employee ❷ attendee

❸ supplier ❹ client

（6）outing

❶ excursion ❷ aviation

❸ loading ❹ practice

（7）deal with ～

❶ introduce ❷ take a look at ～

❸ handle ❹ consist of ～

（8）contact

❶ step out of ～ ❷ focus on ～

❸ engage ❹ get in touch with ～

解答

1　（1）❸ budget （→ p.36）　　（2）⑭ afford （→ p.33）

　　（3）⑩ modern （→ p.24）　　（4）⑮ contract （→ p.41）

　　（5）❽ despite （→ p.44）　　（6）⑪ reasonably （→ p.53）

　　（7）❶ substantial （→ p.48）　　（8）⑫ participant （→ p.16）

　　（9）⑯ expand （→ p.49）　　（10）❹ carefully （→ p.21）

　　（11）❺ hesitant （→ p.32）　　（12）❷ reimburse （→ p.29）

　　（13）❾ corporate （→ p.56）　　（14）❼ storage （→ p.28）

　　（15）⑬ contribute （→ p.45）　　（16）❻ discount （→ p.37）

2　（1）❷ warehouse （→ p.20）

　　（2）❹ a bit （→ p.32）

　　（3）❷ set up （→ p.41）

　　（4）❷ exceptional （→ p.44）

　　（5）❹ client （→ p.36）

　　（6）❶ excursion （→ p.16）

　　（7）❸ handle （→ p.25）

　　（8）❹ get in touch with ～ （→ p.36）

商品・サービス

商品・サービス

1 在庫不足への対応 会話

M: We're facing a real challenge with our ¹**inventory** levels. ²**Online** ³**orders** are ⁴**pouring in** faster than we ⁵**anticipated**.

W: I've noticed. Can we ask the factory staff to ⁶**work extra hours**?

M: That seems like our best option ⁷**right now**. We need to increase production ⁸**rapidly** to meet this ⁹**sudden** ¹⁰**demand**.

W: We can ask them to work an extra two hours a day temporarily, but I doubt that will be enough. There ¹¹**are bound to** be delivery ¹²**delays**.

M: We should contact our customers and explain the situation. An apology for the delay might help us avoid some negative reviews.

W: I agree. We should focus on ¹³**maintaining** our ¹⁴**reputation** above all else. By the way, some of our ¹⁵**retail** partners may have stores with unsold ¹⁶**stock**.

M: True. We should consider buying back some of that inventory. It will help us fill the ¹⁷**immediate** orders while we wait for production at the factory to increase.

W: Nice idea. I'll start making calls to our partners to see how much stock we can get back.

M: Let me know what you find out, and then we can think about how we could ¹⁸**collect** it all. It may be expensive, but a small decrease in profits is ¹⁹**acceptable**.

M: 🇨🇦 W: 🇬🇧 (200 words)

M：私たちは ¹在庫水準のリアルな問題に直面しています。²オンライン ³注文が，私たちが ⁵予想していた以上に早く ⁴殺到しているんです。

W：私も気が付きました。工場のスタッフに ⁶時間外労働を頼めませんか。

M：⁷今はそれが最善の選択肢のように思えます。この ⁹突然の ¹⁰需要に対応するために，生産量を ⁸急速に増やす必要があります。

W：一時的に１日２時間余分に働いてもらうよう彼らにお願いすることはできますが，それで足りるとは思えません。¹¹きっと配達の ¹²遅れもあるでしょうし。

M：顧客に連絡して状況を説明すべきです。遅れについて謝罪すれば，いくつかの否定的な評価を避ける助けになるかもしれません。

W：同感です。私たちは何よりも弊社の ¹⁴評判 ¹³を維持することに集中すべきです。ちなみに，私たちの ¹⁵小売り取引先の中には，売れ残った ¹⁶在庫を抱えている店舗があるかもしれません。

M：そうですね。その在庫の一部を買い戻すことを検討すべきです。工場での生産が増えるのを待つ間，¹⁷当面の注文に応じるのに役立つでしょう。

W：いい考えですね。取引先に電話し始めて，どれくらいの在庫を買い戻せるか確認してみます。

M：わかったことを教えてください。それから，どうすればすべて ¹⁸を集めることができるかを考えましょう。高くつくかもしれませんが，多少の利益の減少は ¹⁹許容できます。

在庫不足への対応

1 ☐☐
inventory
[ínvəntɔ̀:ri] ❶

名 在庫
≡ stock
● inventory system 在庫システム

2 ☐☐
online
[à(:)nláin]

形 オンラインの
⇔ offline オフラインの

3 ☐☐
order
[ɔ́:rdər]

名 注文

4 ☐☐
pour in

殺到する

5 ☐☐
anticipate
[æntísɪpèɪt]

動 (を)予想する
名 anticipation 予想　形 anticipated 期待された

6 ☐☐
work extra hours

時間外労働をする
≡ work overtime
● extra は「余分の，臨時の」という意味の形容詞

7 ☐☐
right now

ちょうど今

8 ☐☐
rapidly
[ræpɪdli]

副 急速に
形 rapid 急速な

9 ☐☐
sudden
[sʌ́dən]

形 突然の
副 suddenly 突然に

10 ☐☐
demand
[dɪmænd]

名 需要　動 を要求する
⇔ supply 供給
● in demand 需要がある

11 ☐☐
be bound to *do*

きっと〜する

12 ☐☐ **delay** [dɪléɪ]	名 遅れ　動 を遅らせる
13 ☐☐ **maintain** [meɪntéɪn]	動 を維持する 名 maintenance 維持
14 ☐☐ **reputation** [rèpjutéɪʃən]	名 評判 形 reputed 評判の良い
15 ☐☐ **retail** [ríːteɪl] ❶	名 小売り ↔ wholesale 卸売り ● retail store 小売り店
16 ☐☐ **stock** [stɑ(ː)k]	名 在庫　動 に仕入れる 🗏 inventory
17 ☐☐ **immediate** [ɪmíːdiət] ❶	形 当面の 副 immediately すぐに
18 ☐☐ **collect** [kəlékt]	動 を集める 名 collection 収集　形 collective 収集された；集団の
19 ☐☐ **acceptable** [əkséptəbl]	形 許容できる, 受け入れられる 動 accept を受け入れる　名 acceptance 受け入れ, 承諾 ↔ unacceptable 許容できない

② レストランのテーブル用の資材手配 _{会話}

M: Hello, is this WoodWorks?

W: Yes. How can I help you?

M: I'm from OakGrove Furniture. We're planning to make a ¹**custom** ²**wooden** table for our client and I'd like to ³**inquire** about wood materials.

W: Of course. What kind of wood are you looking for?

M: It needs to be ⁴**sturdy** and of high quality as it would be a ⁵**centerpiece** table at a restaurant. Do you have oak or walnut, ⁶**for instance**?

W: Yes, we have both oak and walnut ⁷**in stock**. What size do you need?

M: The table will be ⁸**rectangular**, about three meters in ⁹**length**. It also needs to have ¹⁰**sufficient** thickness. Do you have that in stock?

W: ¹¹**Unfortunately**, it might take a while to arrange that ¹²**specific** size. When do you need it by?

M: ¹³**As soon as possible**. I aim to start ¹⁴**processing** it by next week.

W: Understood. I'll ¹⁵**adjust** the schedule and do my best to arrange it as quickly as possible. Also, as an ¹⁶**alternative**, we can provide maple and cherry wood. Those might be quicker to arrange. Would those be ¹⁷**suitable**?

M: I think our client would be interested in maple and cherry, too. I'll talk to the clients and see what they would like.

M: 🇦🇺 W: 🇺🇸 (197 words)

M：もしもし，WoodWorks ですか。

W：はい。どのようなご用件でしょうか。

M：私は OakGrove 家具の者です。私たちの顧客のために ¹オーダーメイドの ²木製 テーブルを作る計画を立てていて，木材について ³お聞きしたいのですが。

W：もちろんです。どのような木材をお探しでしょうか。

M：レストランの ⁵中心に置かれるテーブルになるので，⁴丈夫で上質なものである必 要があります。⁶例えば，オーク材やクルミ材はありますか。

W：はい，オーク材とクルミ材の両方とも ⁷在庫がございます。どのくらいのサイズ のものが必要でしょうか。

M：テーブルは ⁸長方形で，約３メートルの ⁹長さになる予定です。¹⁰十分な厚みがあ る必要もあります。そのようなものの在庫はありますか。

W：¹¹残念ながら，そのような ¹²特定のサイズの手配には多少時間がかかるかもしれ ません。いつまでに必要でしょうか。

M：¹³できる限り早くです。来週までには ¹⁴加工し始めることを目指しています。

W：かしこまりました。予定 ¹⁵を調整して，できるだけ早く用意できるよう最善を尽 くします。また，¹⁶代案として，カエデ材やサクラ材を用意することもできます。 それらの方が早く用意できるかもしれません。そちらでも ¹⁷ふさわしいでしょう か。

M：顧客はカエデ材やサクラ材にも興味があると思います。顧客と相談して，何がい いか確認してみます。

---

of ＋抽象名詞

〈前置詞 of ＋抽象名詞〉で形容詞と同じ意味になるパターンがあります。最もポピュラー なところでは，of importance は important「重要な」，of use は useful「有益な」，of value は valuable「価値のある」などです。３つ目の M の発言内の of high quality「高 品質の」のように，〈of ＋形容詞＋名詞〉の形になることもあります。

レストランのテーブル用の資材手配

1 ☐☐ **custom** [kʌ́stəm]	形 オーダーメイドの 名 慣習，風習 動 customize をカスタマイズする　名 customer 顧客
2 ☐☐ **wooden** [wúdən]	形 木製の 名 wood 木材
3 ☐☐ **inquire** [ɪnkwáɪər] ❶	動 尋ねる，問い合わせをする〈about 〜について〉 名 inquiry 問い合わせ，質問
4 ☐☐ **sturdy** [stə́ːrdi] ❶	形 丈夫な ● study「勉強」とつづりが似ているので混同しないように注意
5 ☐☐ **centerpiece** [séntərpìːs]	名 中央に位置するもの
6 ☐☐ **for instance**	例えば 🔁 for example ● 具体例を述べるときに使う
7 ☐☐ **in stock**	在庫があって，入荷して ↔ out of stock 在庫がなくて，品切れで
8 ☐☐ **rectangular** [rektǽŋɡjʊlər] ❶	形 長方形の ● cf. square 正方形（の）
9 ☐☐ **length** [leŋkθ] ❶	名 長さ 動 lengthen を長くする，伸ばす
10 ☐☐ **sufficient** [səfíʃənt] ❶	形 十分な 副 sufficiently 十分に ↔ insufficient 不十分な
11 ☐☐ **unfortunately** [ʌnfɔ́ːrtʃənətli]	副 残念ながら 形 unfortunate 不運な ↔ fortunately 幸いに，幸運にも

12 □□ **specific** [spəsífɪk] ❶	形 特定の 動 specify を特定する　名 specification 仕様（書） 副 specifically とりわけ，特に
13 □□ **as soon as possible**	できる限り早く
14 □□ **process** [prá(:)ses] ❶	動 を加工する　名 過程；経過 名 processor 加工業者，加工装置
15 □□ **adjust** [ədʒʌ́st]	動 を調整する 名 adjustment 調整，調節
16 □□ **alternative** [ɔːltə́ːrnətɪv] ❶	名 代案，もう１つの方法 形 代わりの 副 alternatively その代わりに
17 □□ **suitable** [súːṭəbl]	形 ふさわしい，適した 副 suitably ふさわしく，適切に 🟰 appropriate

2

商品・サービス

3 マーケティングの手法について 会話

M: We need to ¹**address** the recent ²**decline** in sales. Our television advertisements didn't seem to ³**reach** the younger ⁴**demographic**.

W: I noticed that. It seems our ⁵**marketing** ⁶**strategy** is a bit behind the ⁷**current** ⁸**trends**.

M: Exactly. I think our marketing manager might be ⁹**relying on** ¹⁰**outdated** ideas.

W: ¹¹**Perhaps** we should ¹²**consider** updating her knowledge. Sending her to a few seminars or marketing conferences could ¹³**expose** her to some fresh ideas.

M: That's a good long-term solution. But we also need something immediate to ¹⁴**turn** things **around**.

W: Well… how about bringing in a ¹⁵**consultant**? Someone with experience ¹⁶**targeting** the younger market could offer valuable ideas.

M: Yes. A consultant could provide the quick fix we need. Also, what do you think about hiring someone new?

W: Do you mean someone like a recent university ¹⁷**graduate**? I suppose they might bring a fresh ¹⁸**perspective**, especially on how to engage with the younger ¹⁹**audience**.

M: I think we should try all of these ideas. Let's start looking for a consultant and put out a job ²⁰**listing** for a new marketing team member.

W: I'll draft the job description and start researching ²¹**potential** consultants.

M: 🇨🇦 W: 🇬🇧 (184 words)

M：私たちは最近の売り上げ²減少¹に対処する必要があります。弊社のテレビ広告は若い⁴購買層³に届かなかったようです。

W：私もそれに気付きました。私たちの⁵マーケティング⁶戦略は⁷現在の⁸流行から少し遅れているようですね。

M：その通りです。マーケティング責任者は¹⁰時代遅れの考え⁹に頼っているのかもしれないですね。

W：¹¹もしかすると私たちは彼女の知識を最新のものにすること¹²を検討すべきかもしれません。彼女をいくつかのセミナーやマーケティング会議に参加させれば, 新鮮な考えに彼女¹³を触れさせることができるかもしれません。

M：それは長期的な解決策としてはいいと思います。しかし, 事態¹⁴を好転させるためには何かすぐにできることも必要です。

W：では… ¹⁵コンサルタントに参加してもらうのはどうでしょうか。若者市場¹⁶を対象にした経験のある人なら, 貴重なアイデアを提供してくれるかもしれません。

M：そうですね。コンサルタントは, 私たちが必要としている迅速な解決策を提供してくれるかもしれません。また, 誰か新しい人を雇うことについてはどう思いますか。

W：最近大学を¹⁷卒業した人ということですか。特に若い¹⁹視聴者をどう取り込むかについて, 彼らは新鮮な¹⁸観点をもたらしてくれるのではないかと思います。

M：私たちはこれらのアイデアをすべて試してみるべきだと思います。コンサルタントを探し始め, 新しいマーケティングチームのメンバーの求人²⁰リストを出しましょう。

W：私は職務記述書の下書きを作成し, ²¹可能性のあるコンサルタントの情報収集を始めますね。

マーケティングの手法について

1 ☐☐ **address** [ədrés]	**動** に対処する；に話をする　**名** 演説；住所 **≡** deal with ~, handle ● opening address 開会のあいさつ
2 ☐☐ **decline** [dɪkláɪn]	**名** 減少，低下 **動** を断る〈to do ~すること〉
3 ☐☐ **reach** [riːtʃ]	**動** に届く **名** 届く範囲 ● reach for ~ ~に手を伸ばす
4 ☐☐ **demographic** [dèməɡrǽfɪk]	**名** 購買層
5 ☐☐ **marketing** [máːrkətɪŋ]	**名** マーケティング **動** market 市場に出す，売りに出す
6 ☐☐ **strategy** [strǽtədʒi] ❶	**名** 戦略 **≡** tactic
7 ☐☐ **current** [kə́ːrənt]	**形** 現在の
8 ☐☐ **trend** [trend]	**名** 流行
9 ☐☐ **rely on ~**	~に頼る **≡** depend on ~
10 ☐☐ **outdated** [àʊtdéɪṭɪd]	**形** 時代遅れの **≡** out-of-date **⟷** up-to-date
11 ☐☐ **perhaps** [pərhǽps]	**副** もしかすると **≡** maybe, probably

3

12 □□ **consider** [kənsídər] ❶	動 を検討する〈doing ～すること〉 形 considerable かなりの 副 considerably かなり
13 □□ **expose** [ıkspóuz]	動 を触れさせる 名 exposure さらすこと
14 □□ **turn around**	～を好転させる
15 □□ **consultant** [kənsΛltənt]	名 コンサルタント 動 consult 相談する，協議する
16 □□ **target** [tá:rgət]	動 を対象にする 名 対象；標的，的
17 □□ **graduate** [grǽdʒuət]	名 卒業生　動 卒業する 名 graduation 卒業 ● cf. undergraduate 大学生
18 □□ **perspective** [pərspéktıv]	名 観点，視点
19 □□ **audience** [ɔ́:diəns]	名 視聴者
20 □□ **listing** [lístıŋ]	名 リスト
21 □□ **potential** [pəténʃəl]	形 潜在的な，可能性のある　名 可能性，潜在能力 副 potentially 潜在的に ● potential client 見込み客

商品・サービス

4 シュレッダーのマニュアル 説明書

Operation [1]Instructions for DS-2000X Document Shredder

1. Paper Capacity: Your DS-2000X shredder [2]**is capable of** shredding up to five sheets of standard A4 paper. [3]**Exceeding** this amount can [4]**lead to** [5]**malfunctions** and [6]**damage** to the device.

2. Speed Options:

- Normal Speed is recommended for shredding 3 to 5 sheets of paper.
- Use the Fast Speed [7]**setting** only when shredding one to two sheets of paper to ensure the best [8]**performance**.

3. Malfunction Prevention and Resolution:

- To prevent malfunction, [9]**avoid** shredding materials such as plastic, metal, or [10]**cardboard**. These [11]**items** can cause damage.
- If any malfunction [12]**occurs**, refer to the [13]**step-by-step** repair [14]**procedure** located inside the backside door to solve the problem.

4. Cleaning:

- Regular cleaning is [15]**vital** to maintain good performance.
- [16]**Unplug** the shredder before cleaning. Gently remove paper pieces from the cutter and empty the waste.

Full Waste [17]Bin Indicator: When the waste bin is full, a red indicator light will flash in order to [18]**alert** you to empty it.

Safety Precautions:

- Always [19]**turn off** the shredder when not in use.
- Do not [20]**insert** fingers or other objects into the shredding slot.*

🏴󠁧󠁢󠁥󠁮󠁧󠁿 (183 words)

- -

* shredding slot 細断口（シュレッダーで細断したい紙の束を投入する部分の名称）

DS-2000X 書類用シュレッダーの操作 [1]説明書

1. 用紙容量：DS-2000X シュレッダーは標準的な A4 用紙を 5 枚まで細断 [2]すること
ができます。この量 [3]を超えると機械の [5]故障や [6]破損 [4]につながる可能性があります。

2. 速度選択：
- 標準速度は 3〜5 枚の紙を細断するのに推奨されます。
- 最高の [8]性能を保証するため，1〜2 枚の紙を細断する場合にのみ，高速 [7]設定を使
用してください。

3. 故障の予防と解決方法：
- 故障を防ぐため，プラスチック，金属，[10]段ボールなどの素材を細断すること [9]は避
けてください。これらの [11]物は損傷を与える可能性があります。
- 何らかの故障が [12]発生した場合は，問題を解決するために裏面とびらの内側にある
[13]段階的な修理 [14]手順を参照してください。

4. 清掃：
- 性能を維持するためには，定期的な清掃が [15]不可欠です。
- 清掃の前にシュレッダー[16]のプラグを抜いてください。カッターから紙片を優しく
取り除き，ゴミを空にしてください。

[17]ゴミ箱満杯のお知らせ：ゴミ箱がいっぱいになると，空にするよう [18]警告する赤い
ランプが点滅します。

安全上の注意：
- シュレッダーを使用していないときは，必ず [19]電源を切ってください。
- 細断口に指やその他の物 [20]を入れないでください。

シュレッダーのマニュアル

---

1 ☐☐
instruction
[ɪnstrʌ́kʃən]

名 (通例 -s) 説明書
動 instruct に指示する　**名** instructor 指導者
形 instructive 教育的な

---

2 ☐☐
be capable of ～

～することができる
≒ be able to ～

---

3 ☐☐
exceed
[ɪksíːd] ❶

動 を超える
形 excessive 過度の　**副** excessively 過度に

---

4 ☐☐
lead to ～

～につながる

---

5 ☐☐
malfunction
[mælfʌ́ŋkʃən]

名 (機械などの) 不調
動 (機械などが) うまく作用しない

---

6 ☐☐
damage
[dǽmɪdʒ]

名 破損

---

7 ☐☐
setting
[sétɪŋ]

名 設定；環境，背景
動 set を配置する

---

8 ☐☐
performance
[pərfɔ́ːrməns]

名 性能；上演
動 perform を行う；を演じる

---

9 ☐☐
avoid
[əvɔ́ɪd]

動 を避ける

---

10 ☐☐
cardboard
[káːrdbɔ̀ːrd]

名 段ボール
● cardboard box 「段ボール箱」が Part 1 で頻出

---

11 ☐☐
item
[áɪṭəm] ❶

名 物

---

12 ☐☐ **occur** [əkə́:r] ❶	動 生じる，起こる 名 occurrence 出来事，事件 🔁 happen
13 ☐☐ **step-by-step** [stèpbaɪstép]	形 段階的な 🔁 gradual
14 ☐☐ **procedure** [prəsí:dʒər] ❶	名 手順；手続き 🔁 process
15 ☐☐ **vital** [váɪṭəl] ❶	形 不可欠の〈for, to ～にとって〉 名 vitality 活力；活気
16 ☐☐ **unplug** [ʌnplʌ́g]	動 (のプラグ) を抜く
17 ☐☐ **bin** [bɪn]	名 ゴミ箱；大箱，容器 ❶「ゴミ箱」は Part 1 に頻出
18 ☐☐ **alert** [ələ́:rt]	動 に警報を出す　名 警報　形 用心深い
19 ☐☐ **turn off**	～の電源を切る；～の栓を締める 🔁 turn on ～の電源を入れる；～の栓をゆるめる
20 ☐☐ **insert** [ɪnsə́:rt] ❶	動 を入れる，を差し込む

商品・サービス

5 パソコン修理の相談 会話

W: Good morning, DepTech Support. How may I ¹**assist** you?

M: Hi, um…. I bought a ²**laptop** from the DepTech Web site about four months ago. I'm pretty sure it's still under ³**warranty**. The problem is that it won't start, so I'd like to ⁴**arrange** for a ⁵**repair**.

W: Sure, we can help with that. ⁶**Naturally**, you'll need to send the laptop to us so that we can ⁷**diagnose** the ⁸**issue**. Before we get started arranging that, though, can I have your warranty details, please?

M: Sure, my warranty number is 734892932. How long ⁹**is** it **likely to** take? I have some important files on my computer that I need to ¹⁰**access** pretty ¹¹**urgently**.

W: In most ¹²**cases**, it will take ¹³**up to** a week for the diagnosis and repair. Since you're in a hurry, I could give you the names of a few technicians in your area who have been ¹⁴**authorized** by our company. They might be able to finish the work in two to three days.

M: That might still take a bit too long. To look at my files, can I open up my computer and ¹⁵**remove** the hard drive myself?

W: You could, but it would end your warranty. It'd be best if you asked the ¹⁶**technicians** to do that first before they start the repair. Or you can try a data recovery ¹⁷**firm**, though we cannot cover any of the costs for that.

W: ▆▆ M: ▆▆ (231 words)

W：おはようございます，DepTech Support です。どのように ¹<u>お手伝いいたし</u>ましょうか。

M：もしもし，あの …。4 カ月ほど前に DepTech のウェブサイトで ²<u>ノートパソコン</u>を購入しました。間違いなくまだ ³<u>保証期間中</u>だと思います。問題はパソコンが起動しないことで，そのため ⁵<u>修理</u>の ⁴<u>手配</u>をしたいのですが。

W：もちろん，それについてお手伝いできます。⁶<u>当然のことながら</u>，私たちが ⁸<u>問題</u> ⁷<u>を診断する</u>ことができるように，ノートパソコンをこちらにお送りいただく必要があります。しかし，そちらの手配を始める前に，保証の詳細を教えていただけますか。

M：はい，保証番号は 734892932 です。どのくらいかかり ⁹<u>そう</u>ですか。かなり ¹¹<u>緊急に</u> ¹⁰<u>アクセスする</u>必要がある，重要なファイルがパソコンに入っているのですが。

W：ほとんどの ¹²<u>場合</u>，診断と修理には ¹³<u>最大</u>1 週間かかります。お急ぎのようですので，当社に ¹⁴<u>認定されている</u>お近くの技術者を数名ご紹介することもできます。彼らなら 2〜3 日で作業を終えることができるかもしれません。

M：それでもまだ少し時間がかかり過ぎるかもしれません。私のファイルを見るために，自分でコンピューターを開いてハードディスク ¹⁵<u>を取り外し</u>てもいいですか。

W：できますが，それだと保証が切れてしまいます。彼らが修理を始める前に，まず ¹⁶<u>技術者</u>にそうするよう依頼するのが一番でしょう。あるいは，データ復旧 ¹⁷<u>会社</u>に依頼してみることもできますが，私たちはその場合の費用は一切負担できません。

パソコン修理の相談

1 ☐☐ **assist** [əsíst]	**動** を手伝う，を助ける **名** assistant アシスタント，助手　**名** assistance 手伝うこと **≡** help
2 ☐☐ **laptop** [lǽptà(:)p]	**名** ノートパソコン
3 ☐☐ **warranty** [wɔ́(:)rənti]	**名** 保証 **≡** guarantee ● under warranty 保証期間中で
4 ☐☐ **arrange** [əréindʒ] ❶	**動** 手配をする〈for ～の〉 **名** arrangement 手配；計画，予定
5 ☐☐ **repair** [rɪpéər]	**名** 修理　**動** を修理する ● repair work 補修工事
6 ☐☐ **naturally** [nǽtʃərəli]	**副** 当然ながら **形** natural 自然の，当然の
7 ☐☐ **diagnose** [dàɪəgnóus]	**動** を診断する **名** diagnosis 診断
8 ☐☐ **issue** [íʃuː]	**名** 問題；発行；出版物 **動** を発行する；を出版する **≡** problem
9 ☐☐ **be likely to *do***	～しそうである
10 ☐☐ **access** [ǽkses] ❶	**動** にアクセスする **名** アクセス，入手，利用
11 ☐☐ **urgently** [ə́rdʒəntli]	**副** 緊急に **形** urgent 緊急の

12 ☐☐ **case** [keɪs]	名 場合；容器
13 ☐☐ **up to ～**	最大～まで
14 ☐☐ **authorize** [ɔ́ːθəràɪz]	動 を認定する 名 authorization 認定，許可
15 ☐☐ **remove** [rɪmúːv]	動 を取り外す；を取り除く 形 removable 取り外し可能な
16 ☐☐ **technician** [teknɪ́ʃən]	名 技術者 名 technique 技術，テクニック　形 technical 技術上の 副 technically 技術的に
17 ☐☐ **firm** [fəːrm]	名 会社 🔲 company，business

商品・サービス

6 製品の請求書 請求書

[1]**INVOICE**

Francesca Water Company

34 Montgomery Street • Winston, QLD 4276

Invoice number: 90492   **Ship to:** Rhod Mills

34 Sugarwood Road

Beaudesert, QLD 4280

Ordered	Shipped	[2]**Courier**	[3]**Salesperson**	[4]**Conditions**
3 February	5 February	CGR [5]**Logistics**	Claire Woods	[6]**Payment** [7]**due** [8]**upon** delivery
Quantity	**Item**		**Unit Price**	[9]**Cost**
3	24-Liter Water Bottle		$16.00	$48.00
	[10]**Shipping** and [11]**Handling**			$12.00
			Total	$60.00

NOTES:

· These bottles [12]**are compatible with** the VG687 Water Cooler [13]**manufactured** by Heartley Industries. Please do not [14]**attempt** to use them with any other brands or types of coolers.

· The water [15]**contained** in the bottles will [16]**last** for up to six months unopened.

· Once opened, the contents should be [17]**consumed** within one week.

Thank you for your order!

B. Sakamoto

🇨🇦 (117 words)

82

[1]請求書

Francesca Water Company
34 モンゴメリー通り・ウィンストン，QLD 4276

請求書番号：90492　　　　**送り先：** Rhod Mills
　　　　　　　　　　　　　　　34 シュガーウッド通り
　　　　　　　　　　　　　　　ボーデザート QLD 4280

注文日	配送日	[2]宅配業者	[3]販売員	[4]条件
2 月 3 日	2 月 5 日	CGR[5]物流	Claire Woods	[8]配達時 [6]支払い [7]期日

数量	商品	単価	[9]費用
3	24 リットルの水のボトル	16.00 ドル	48.00 ドル
	[10]送料 および [11]手数料		12.00 ドル
		合計	60.00 ドル

注意事項：

・これらのボトルは，Heartley Industries[13]製 VG687 ウォータークーラー[12]に適合します。他のいかなるブランドやタイプのクーラーで使用 [14]しようとしないでください。
・ボトルに [15]含まれている水は未開封で最大 6 カ月間 [16]もちます。
・開封後，中身は 1 週間以内に [17]お飲み ください。

　　　　　　　　　　　　　　　　　　　ご注文ありがとうございます！
　　　　　　　　　　　　　　　　　　　B. Sakamoto

製品の請求書

1 ☐☐ **invoice** [ínvɔɪs] ❶	**名** 請求書　**動** に請求書を送付する
2 ☐☐ **courier** [kɔ́:riər]	**名** 宅配業者
3 ☐☐ **salesperson** [séɪlzpə̀:rsən] ❶	**名** 販売員 ● 複数形は salespeople
4 ☐☐ **condition** [kəndíʃən]	**名** 条件 **形** conditional 条件付きの　**副** conditionally 条件付きで
5 ☐☐ **logistics** [loʊdʒístɪks]	**名** 物流，ロジスティクス
6 ☐☐ **payment** [péɪmənt]	**名** 支払い **動** pay を支払う
7 ☐☐ **due** [djuː]	**形** 期日の；〜する予定で ● due date 締め切り期日
8 ☐☐ **upon delivery**	配達時に
9 ☐☐ **cost** [kɔːst] ❶	**名** 費用 **動** (値段)がかかる
10 ☐☐ **shipping** [ʃípɪŋ]	**名** 輸送料 **動** ship を輸送する，を発送する　**名** shipment 発送
11 ☐☐ **handling** [hǽndlɪŋ]	**名** (取り扱い)手数料，取り扱い，処理 **動** handle を扱う

12 ☐☐ **be compatible with ~**	～に適合する
13 ☐☐ **manufacture** [mǽnjufǽktʃər] ❶	**動** を製造する **名** 製造，生産 **名** manufacturer 製造業者，メーカー
14 ☐☐ **attempt** [ətémpt]	**動** を試みる〈to do ～しようと〉 **≒** try
15 ☐☐ **contain** [kəntéin]	**動** を含む **名** container 容器，入れ物
16 ☐☐ **last** [lǽst]	**動** もちが良い，長もちする
17 ☐☐ **consume** [kənsjúːm]	**動** を飲み尽くす；を消費する **名** consumer 消費者　**名** consumption 消費

6

商品・サービス

7 ポッドキャスト定期購読の案内 [ウェブページ]

Welcome to the Lambert Podcast Network

[1]**Explore** a World of [2]**Entertainment** and Insight

The Lambert Podcast Network offers [3]**a wide variety of** [4]**genres** including comedy, news, social commentary, and [5]**specialized** [6]**interests** like cooking, music history, and fashion. We are [7]**proud** to [8]**host** the *Why Are We Here?* and *The Dunphy Way* podcasts — [9]**currently** most popular podcasts in the U.S.!

Free Access:

You can listen to our most recent podcasts for free supported by [10]**ads**. Simply use our app and select the free access option.

[11]**Subscription** Options for an Enhanced Experience:

For an ad-free listening experience, we offer two subscription models:

1. **Individual Podcast Subscription**: Subscribe to your favorite podcast to enjoy an ad-free experience and the added benefit of being able to listen to the [12]**entire** library of past episodes. [13]**Annual** fees [14]**vary** for each podcast, so please visit our Web site for [15]**detailed** pricing.

2. **Network-Wide Subscription**: Our best value [16]**offer**! For just $120 per year, gain access to our complete podcast library. You will never have to [17]**miss** an episode of our wonderful shows.

Subscriber-Only Benefits:

Subscribing to our network brings several exclusive benefits:

Get [18]**timely** notifications through our monthly e-mail newsletter, packed with exciting updates about upcoming events and new podcasts. Our podcasters regularly tour the U.S. and abroad, recording shows in front of live audiences. Subscribers get early access to tickets at discounted prices.

🇬🇧 (228 words)

Lambert Podcast Network へようこそ

[2]エンターテイメントと洞察の世界[1]を探検しましょう

Lambert Podcast Network は，コメディ，ニュース，社会評論や，料理，音楽史，ファッションなどの[5]専門的な[6]興味など，[3]幅広い[4]ジャンルを提供しています。私たちは[9]現在アメリカで最も人気のあるポッドキャスト，『私たちはなぜここにいるのか』や『Dunphy 流』[8]を主催していることを[7]誇りに思っています！

無料アクセス：

私たちの最新のポッドキャストを[10]広告付きで無料で聴くことができます。単に，アプリを使って無料アクセスのオプションを選択してください。

より充実した体験のための[11]購読オプション：

広告なしでお聴きになるには，2 つの購読モデルを提供しています：

1. **個別ポッドキャスト購読**：お気に入りのポッドキャストを購読して，広告なしの体験や，過去のエピソードの[12]すべてのライブラリーをお聴きいただける追加特典をお楽しみください。[13]年会費はポッドキャストごとに[14]異なりますので，[15]詳細な価格設定についてはウェブサイトをご覧ください。

2. **ネットワーク・ワイド購読**：最もお得な[16]特別サービスです！　年間わずか 120 ドルで，私たちのポッドキャストの全ライブラリーにアクセスできます。1 話も素晴らしい番組[17]を見逃すことがなくなるでしょう。

購読者だけの特典：

当ネットワークを購読していただくと，いくつかの限定特典があります：

今後のイベントや新しいポッドキャストに関する，わくわくする最新情報が満載の毎月の E メールニュースレターを通して[18]タイムリーなお知らせを入手ください。私たちのポッドキャスト配信者は定期的にアメリカ国内外をツアーし，生放送の聴衆の前で番組を収録しています。購読者は割引価格でチケットをいち早く入手できます。

ポッドキャスト定期購読の案内

1 ☐☐ **explore** [ɪksplɔ́ːr]	**動** を探検する **名** exploration 探検；調査　**名** explorer 探検家
2 ☐☐ **entertainment** [èntərtéinmənt]	**名** エンターテイメント，娯楽 **動** entertain を楽しませる，をもてなす
3 ☐☐ **a wide variety of ～**	幅広い～
4 ☐☐ **genre** [ʒáːnrə]	**名** ジャンル；種類
5 ☐☐ **specialized** [spéʃəlàɪzd]	**形** 専門の **動** specialize 専門にする　**名** specialist 専門家
6 ☐☐ **interest** [íntərəst] ❶	**名** 興味；利子
7 ☐☐ **proud** [praʊd]	**形** 誇りとしている **副** proudly 誇らしげに，得意げに
8 ☐☐ **host** [hoʊst] ❶	**動** を主催する **名** 主催者
9 ☐☐ **currently** [kə́ːrəntli]	**副** 現在 **形** current 現在の
10 ☐☐ **ad** [æd]	**名** 広告 ● advertisement「広告」を略したもの
11 ☐☐ **subscription** [səbskrípʃən]	**名** 購読 **動** subscribe 購読する　**名** subscriber 購読者

7

12 □□ **entire** [ɪntáɪər]	形 全部の，全体の 副 entirely 完全に
13 □□ **annual** [ǽnjuəl]	形 1 年分の 副 annually 毎年
14 □□ **vary** [véəri] ❶	動 異なる 名 variety 変化　形 various さまざまな ● vary from *A* to *B*　A から B までさまざまである
15 □□ **detailed** [díːteɪld]	形 詳細な 動 名 detail を詳しく述べる；詳細
16 □□ **offer** [ɔ́(ː)fər] ❶	名 特別サービス，値引き；申し出 動 を提供する；を申し出る〈to *do* ～すること〉
17 □□ **miss** [mɪs]	動 を見逃す 形 missing 欠けている，紛失している
18 □□ **timely** [táɪmli]	形 タイムリーな ● in a timely manner　タイミング良く

商品・サービス

8 科学館のクーポン　クーポン

Discover the ¹Wonders of Science with Your Loved Ones

This exclusive ²**coupon** grants a family of up to four members FREE ³**entry** to the Gilligan Science Museum with the ⁴**purchase** of one adult ticket.

Dive into a world of ⁵**exploration** and ⁶**discovery**. Our ⁷**exhibits** are designed to ⁸**fascinate** and ⁹**educate** ¹⁰**visitors** of all ages. Enjoy interactive displays, demonstrations of the latest technologies, and ¹¹**predictions** for near-future scientific ¹²**achievements**.

We also offer guided tours! You may ¹³**book** a 90-minute ¹⁴**journey** with one of our experienced guides at a special price of $80.

- This offer is not ¹⁵**valid** on Tuesdays (Museum Closed) and Thursdays (Open to School Groups Only).
- This offer cannot be ¹⁶**combined with** any other ¹⁷**promotions**.
- Coupon expires April 10.

   ¹⁸**Seize** this opportunity for an ¹⁹**unforgettable** family day out!

🇨🇦 (129 words)

大切な人と一緒に科学の ¹不思議を発見しよう

この限定 ²クーポンでは，大人 1 名分のチケット ⁴購入 で家族最大 4 名さままで，Gilligan 科学博物館に無料で ³ご入館いただけます。

⁵探検と ⁶発見の世界へ飛び込みましょう。当館の ⁷展示 は，あらゆる年齢層の ¹⁰お客さま ⁸を魅了し，⁹学ばせるようにデザインされています。双方向的な展示，最新技術のデモンストレーション，近未来の科学的 ¹²業績 の ¹¹予測 などをお楽しみください。

また，ガイド付きツアーもご提供しています！ 80 ドルの特別価格で経験豊富なガイドの 1 人による 90 分の ¹⁴ツアー¹³をご予約いただけます。

・この割引は，火曜日（休館日）と木曜日（学校団体のみの開館日）は ¹⁵有効 ではありません。
・この割引は，他のいかなる ¹⁷プロモーション ¹⁶とも組み合わせる ことはできません。
・クーポンは 4 月 10 日に失効します。

¹⁹忘れられない 家族でのお出かけに，この機会 ¹⁸をつかみ取って ください！

乱発されるクーポン

TOEIC の世界ではクーポンが乱発されます。飛行機が遅れたといってはクーポン，「注文品を間違えた」といってはクーポン，「初めてサービスをご利用いただいた」といってはクーポン，といった具合に何でも気前よくクーポンが提供されます。

科学館のクーポン

1 ☐☐ **wonder** [wʌ́ndər] ❶	名 不思議 動 不思議に思う ● 動詞の I wonder if「〜ではないかと思う」という表現も重要
2 ☐☐ **coupon** [kjúːpɑ(ː)n]	名 クーポン
3 ☐☐ **entry** [éntri]	名 入場〈to 〜への〉 動 enter に入る
4 ☐☐ **purchase** [pɔ́ːrtʃəs] ❶	名 購入；購入品 動 を購入する 名 purchaser 購買者
5 ☐☐ **exploration** [èkspləréɪʃən]	名 探検 動 explore を探検する
6 ☐☐ **discovery** [dɪskʌ́vəri]	名 発見 動 discover を発見する，を見つける
7 ☐☐ **exhibit** [ɪgzíbət] ❶	名 展示　動 を展示する 名 exhibition 展覧会，展示会 ● permanent exhibit 常設展示
8 ☐☐ **fascinate** [fǽsɪnèɪt]	動 を魅了する
9 ☐☐ **educate** [édʒəkèɪt] ❶	動 を教育する 名 education 教育　形 educational 教育上の
10 ☐☐ **visitor** [vízəṭər]	名 来訪者 動 visit を訪れる
11 ☐☐ **prediction** [prɪdíkʃən]	名 予測 動 predict を予測する

12 ☐☐ **achievement** [ətʃíːvmənt]	名 業績 動 achieve を成し遂げる　形 achievable 達成可能な
13 ☐☐ **book** [bʊk]	動 を予約する 名 本 ≒ reserve
14 ☐☐ **journey** [dʒə́ːrni]	名 ツアー；行程；旅 ≒ tour
15 ☐☐ **valid** [vǽlɪd]	形 有効な ⇔ invalid 無効の
16 ☐☐ **combine *A* with *B***	A を B と組み合わせる
17 ☐☐ **promotion** [prəmóʊʃən]	名 プロモーション，販売促進；昇進 動 promote を促進する；を宣伝販売する；を昇進させる
18 ☐☐ **seize** [síːz] ❶	動 をつかみ取る 名 seizure 差し押さえ
19 ☐☐ **unforgettable** [ʌnfərgétəbl]	形 忘れられない

⑨ 机の組み立て方 説明書

[1]**Assembly** Instructions for RisePro [2]**Adjustable** [3]**Height** Desk

Thank you for [4]**choosing** RisePro brand furniture.

Before [5]**beginning** the assembly of your new adjustable height desk, please take a moment to [6]**perform** an essential first step to [7]**ensure** a smooth assembly process.

Find the inventory list at the front of this [8]**manual**. Each piece and tool required for assembly has been listed [9]**for your convenience**. Carefully [10]**compare** the inventory list **with** the actual [11]**contents** of the box. If you discover that any items are [12]**missing**, please contact our customer service team [13]**immediately** at 1-800-555-6734 for assistance.

As you begin assembly, please keep the [14]**plastic** covers on the desk parts. These covers are designed to [15]**protect** the [16]**surfaces** of your desk and should only be removed once the assembly is [17]**fully** complete.

Please [18]**note** that assembling the RisePro adjustable height desk is a two-person job.

For any further assistance, do not [19]**hesitate to** reach out to our customer service team.

■■ (157 words)

RisePro[3]高さ [2]調節可能[机] [1]組立説明書

RisePro ブランドの家具 [4]をお選びいただき，ありがとうございます。

新しい高さ調節可能机の組み立て [5]を始める前に，スムーズな組み立て工程 [7]を確実なものにするために必要不可欠な第一歩 [6]を行うお時間をお取りください。

この [8]取扱説明書の前面にある一覧表をご覧ください。[9]ご参考までに，組み立てに必要な各パーツと工具が記載されています。注意深く実際の箱の [11]中身 と一覧表 [10]を見比べてください。[12]不足品があることにお気付きの場合は，お手伝いいたしますので [13]直ちにお客さまサービス担当の 1-800-555-6734 までご連絡ください。

組み立てを開始する際，机の部品には [14]プラスチックカバーを付けたままにしておいてください。これらのカバーは机の [16]表面 [15]を保護するためのもので，組み立てが [17]完全に完了してからのみ取り外してください。

RisePro 高さ調節可能机の組み立ては，2 人で行う作業であること [18]をご承知おきください。

ご不明な点がございましたら，[19]ためらわず弊社お客さまサービス担当までお問い合わせください。

机の組み立て方

1 ☐☐ **assembly** [əsémbli]	**名** 組み立て **動** assemble を組み立てる
2 ☐☐ **adjustable** [ədʒʌstəbl]	**形** 調節可能な **動** adjust を調節する　**名** adjustment 調整, 調節
3 ☐☐ **height** [haɪt] ❶	**名** 高さ **形** high 高い
4 ☐☐ **choose** [tʃuːz]	**動** を選ぶ
5 ☐☐ **begin** [bɪgín]	**動** を始める **名** beginning 始め, 最初
6 ☐☐ **perform** [pərfɔ́ːrm]	**動** を行う **名** performance 性能；上演
7 ☐☐ **ensure** [ɪnʃúər]	**動** を確実なものにする
8 ☐☐ **manual** [mǽnjuəl] ❶	**名** 取扱説明書, マニュアル **副** manually 手で, 手動で
9 ☐☐ **for your convenience**	ご参考までに
10 ☐☐ **compare _A_ with _B_**	A と B を比べる
11 ☐☐ **content** [kά(ː)ntent] ❶	**名** 中身 ● contents (文書などの) 目次

12 ☐☐ **missing** [mísɪŋ]	形 欠けている，紛失している 動 miss を逃す
13 ☐☐ **immediately** [ɪmíːdiətli]	副 直ちに，すぐに 形 immediate 即座の ● immediately after ~ ~の直後に
14 ☐☐ **plastic** [plǽstɪk]	形 プラスチックの
15 ☐☐ **protect** [prətékt]	動 を保護する 名 protection 保護　形 protective 保護用の
16 ☐☐ **surface** [sə́ːrfəs] ❶	名 表面 形 表面の
17 ☐☐ **fully** [fúli]	副 完全に 形 full 十分の，全部の
18 ☐☐ **note** [noʊt]	動 に注意を払う〈that …ということ〉 名 注釈 ● 「ノート」は英語では notebook
19 ☐☐ **hesitate to *do***	~するのをためらう

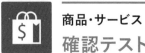

商品・サービス
確認テスト

（解答：p.100）

1 次の日本語の意味の単語を下の❶ ～ ⓰の中から選びなさい。

（1）展示 　　　　　　　　（　　　　　　　　　　　　　）

（2）潜在的な 　　　　　　（　　　　　　　　　　　　　）

（3）もちが良い 　　　　　（　　　　　　　　　　　　　）

（4）1年分の 　　　　　　 （　　　　　　　　　　　　　）

（5）手配をする 　　　　　（　　　　　　　　　　　　　）

（6）組み立て 　　　　　　（　　　　　　　　　　　　　）

（7）を超える 　　　　　　（　　　　　　　　　　　　　）

（8）評判 　　　　　　　　（　　　　　　　　　　　　　）

（9）緊急に 　　　　　　　（　　　　　　　　　　　　　）

（10）輸送料 　　　　　　　（　　　　　　　　　　　　　）

（11）を保護する 　　　　　（　　　　　　　　　　　　　）

（12）ふさわしい 　　　　　（　　　　　　　　　　　　　）

（13）（を）予想する 　　　（　　　　　　　　　　　　　）

（14）現在 　　　　　　　　（　　　　　　　　　　　　　）

（15）不可欠の 　　　　　　（　　　　　　　　　　　　　）

（16）尋ねる 　　　　　　　（　　　　　　　　　　　　　）

---

❶ assembly	❷ protect	❸ exceed	❹ exhibit
❺ shipping	❻ annual	❼ vital	❽ potential
❾ suitable	❿ currently	⓫ reputation	⓬ last
⓭ arrange	⓮ anticipate	⓯ inquire	⓰ urgently

2 次の単語の意味に最も近いものをそれぞれ ❶ 〜 ❹ の中から 1 つ選びなさい。

（1） gradual
- ❶ due
- ❷ timely
- ❸ step-by-step
- ❹ current

（2） maybe
- ❶ definitely
- ❷ naturally
- ❸ perhaps
- ❹ rapidly

（3） stock
- ❶ listing
- ❷ invoice
- ❸ cardboard
- ❹ inventory

（4） try
- ❶ contain
- ❷ perform
- ❸ address
- ❹ attempt

（5） guarantee
- ❶ alternative
- ❷ warranty
- ❸ purchase
- ❹ demand

（6） reserve
- ❶ reach
- ❷ consume
- ❸ book
- ❹ collect

（7） business
- ❶ consultant
- ❷ firm
- ❸ payment
- ❹ laptop

（8） tour
- ❶ courier
- ❷ journey
- ❸ trend
- ❹ procedure

解答

1 （1）❹ exhibit (→ p.92)

（3）⓬ last (→ p.85)

（5）⓭ arrange (→ p.80)

（7）❸ exceed (→ p.76)

（9）⓰ urgently (→ p.80)

（11）❷ protect (→ p.97)

（13）⓮ anticipate (→ p.64)

（15）❼ vital (→ p.77)

（2）❽ potential (→ p.73)

（4）❻ annual (→ p.89)

（6）❶ assembly (→ p.96)

（8）⓫ reputation (→ p.65)

（10）❺ shipping (→ p.84)

（12）❾ suitable (→ p.69)

（14）⓾ currently (→ p.88)

（16）⓯ inquire (→ p.68)

2 （1）❸ step-by-step (→ p.77)

（2）❸ perhaps (→ p.72)

（3）❹ inventory (→ p.64)

（4）❹ attempt (→ p.85)

（5）❷ warranty (→ p.80)

（6）❸ book (→ p.93)

（7）❷ firm (→ p.81)

（8）❷ journey (→ p.93)

不動産・工事

不動産・工事

1 入居者への工事の案内 通知

> ### [1]Temporary Closure and Upgrade of Fourth-Floor Barbecue and Entertainment [2]Area
>
> Dear [3]Residents of Clarendon Towers,
>
> The barbecue and entertainment [4]space located on the fourth floor of Clarendon Towers will be temporarily [5]closed for [6]renovations starting on November 6. This closure is necessary as we work to enhance the [7]overall living experience by upgrading the facilities.
>
> To minimize any [8]inconvenience, we have scheduled the renovations for November, when [9]usage is [10]generally at its lowest. We [11]apologize for the inconvenience this may [12]cause to our residents despite our efforts to [13]reduce the [14]impact.
>
> The renovation process is expected to be [15]completed by the end of November. When we reopen, you will be [16]greeted with brand-new [17]furniture and kitchen facilities. We believe these upgrades will significantly [18]improve the building's entertainment capabilities.
>
> Thank you for your understanding and [19]patience.
>
> Sincerely,
>
> Clarendon Towers Management Team

🇬🇧 (140 words)

4 階バーベキュー＆エンターテイメント ²エリアの ¹一時的な閉鎖と改修

Clarendon Towers の ³住民の皆さまへ

Clarendon Towers 4 階のバーベキュー＆エンターテイメント ⁴スペースは，11 月 6 日より ⁶改修のため一時 ⁵閉鎖いたします。この閉鎖は，設備を改良することにより，生活 ⁷全般を向上させる取り組みに必要なものです。

いかなるご ⁸不便を最小限に抑えるため，¹⁰一般的に ⁹利用が最も少ない 11 月に改修工事を予定しております。¹⁴影響 ¹³を軽減するよう努力しておりますが，この改修が住民の皆さまに ¹²引き起こすかもしれないご不便 ¹¹に関してお詫び申し上げます。

改修工事は 11 月末までに ¹⁵完了する見込みです。再開時には，真新しい ¹⁷家具と厨房設備で皆さま ¹⁶をお迎えいたします。これらの改良が，大幅に当ビルのエンターテイメント性 ¹⁸を向上させるだろうと私たちは確信しております。

ご理解と ¹⁹ご辛抱に感謝いたします。

敬具

Clarendon Towers マネジメントチーム

入居者への工事の案内

1 ⬜⬜ **temporary** [témpərèri]	形 一時的な 副 temporarily 一時的に
2 ⬜⬜ **area** [éəriə] 🔊	名 エリア；地区 📖 region
3 ⬜⬜ **resident** [rézɪdənt]	名 住民，居住者 動 reside 住む　名 residence 住宅
4 ⬜⬜ **space** [speɪs]	名 スペース；宇宙 形 spacious 広々とした，広い
5 ⬜⬜ **close** [klouz] 🔊	動 を閉鎖する，を閉める
6 ⬜⬜ **renovation** [rènəvéɪʃən]	名 改修，改装 動 renovate を修理する，を改装する
7 ⬜⬜ **overall** [òuvərɔ́ːl] 🔊	形 全体的な 副 全体的に
8 ⬜⬜ **inconvenience** [ìnkənvíːniəns]	名 不便 形 inconvenient 不便な ⇔ convenience 便利
9 ⬜⬜ **usage** [júːsɪdʒ] 🔊	名 利用，使用，使用量 動 use を利用する，を使う
10 ⬜⬜ **generally** [dʒénərəli]	副 一般的に 形 general 一般的な ● generally speaking 一般的に言えば
11 ⬜⬜ **apologize for 〜**	〜に関して謝罪する ● apologize to A for B A に B のことで謝罪する

12 ☐☐ **cause** [kɔːz] ❶	**動** を引き起こす **名** 原因 ● cause *A* to *do* A に～させる
13 ☐☐ **reduce** [rɪdjúːs]	**動** を弱める，を減少させる **名** reduction 減少
14 ☐☐ **impact** [ímpækt] ❶	**名** 影響；衝撃　　**動** に影響を与える **類** effect ● 動詞の発音は [ɪmpǽkt]
15 ☐☐ **complete** [kəmplíːt]	**動** を完了する　　**形** 完了した **名** completion 完了　　**副** completely 完全に
16 ☐☐ **greet** [griːt]	**動** を迎える **名** greeting あいさつ
17 ☐☐ **furniture** [fə́ːrnɪtʃər] ❶	**名** 家具 **形** furnished 家具付きの ● furniture は不可算名詞
18 ☐☐ **improve** [ɪmprúːv] ❶	**動** を向上させる **名** improvement 改良，改善
19 ☐☐ **patience** [péɪʃəns] ❶	**名** 忍耐，辛抱強さ **形** patient 忍耐強い　　**副** patiently 根気良く

不動産・工事

1

2 工事現場での注意 [通知]

Construction Site Safety Guidelines

- Always ¹**wear** ²**protective** ³**gear** and ⁴**equipment**. This includes a hard hat, safety boots, and a high-visibility vest* as the ⁵**minimum** requirements. Goggles and gloves may also be required for specific tasks. Please confirm with your supervisor and the on-site safety ⁶**officer**.

- Report any equipment ⁷**defects** or ⁸**dangerous** situations to your supervisor immediately, even if the accidents were prevented.

- Keep your work area clean and clear to avoid danger. Do not ⁹**stack** items at dangerous heights. ¹⁰**Pay attention to** access and escape routes. Do not ¹¹**leave** building materials around ¹²**doorways**.

- ¹³**Obey** the safety signs and procedures explained during your orientation session. If you ¹⁴**fail to** follow any of these or the other site rules, you will be asked to attend another orientation session before you can ¹⁵**return** to work.

The on-site safety officer will ¹⁶**conduct** daily risk ¹⁷**assessments** and establish additional safety ¹⁸**measures** whenever necessary.

🇺🇸 (148 words)

* high-visibility vest 高視認性ベスト（工事現場などで着用される，視認性の高い服）

建設現場の安全ガイドライン

- 常に [2]防護 [3]服と [4]装備 [1]を着用してください。これには、ヘルメット，安全長靴，高視認性ベストが [5]最低条件として含まれます。また，特定の作業ではゴーグルや手袋が必要になる場合もあります。上司および現場の安全 [6]責任者に確認してください。

- もし事故が未然に防がれた場合でも，いかなる設備の [7]欠陥や [8]危険な状況があれば，直ちに上司に報告してください。

- 危険を避けるため，作業区域を清潔で見通しがきく状態に保ってください。危険な高さに物品 [9]を積み上げないでください。出入り口と避難経路 [10]に注意を払ってください。[12]出入り口周辺に建材 [11]を放置しないでください。

- オリエンテーションで説明された安全標識や手順 [13]に従ってください。これらの，またはその他の現場規則に従わ [14]ない場合は，仕事に [15]復帰する前に別のオリエンテーションに参加するよう求められます。

現場の安全責任者は毎日危険性の [17]評価 [16]を実施し，必要に応じて追加の安全 [18]対策を確立します。

工事現場での注意

1 ☐☐ **wear** [weər] ❶	**動** を着る ● 動作を表す wear に対して，put on ～は「～を着ている」 （状態）を表す
2 ☐☐ **protective** [prətéktɪv]	**形** 保護用の **動** protect を保護する　**名** protection 保護
3 ☐☐ **gear** [gɪər]	**名** 衣服，服装
4 ☐☐ **equipment** [ɪkwípmənt]	**名** 装備；設備，器具 **動** equip に備え付ける ● exercise equipment 運動器具
5 ☐☐ **minimum** [mínɪməm]	**形** 最低限の，最小限の　**名** 最低限，最小限 **動** minimize を最小限にする ⇔ maximum 最大限の
6 ☐☐ **officer** [ɔ́(ː)fəsər]	**名** 担当者，役員 **名** office 事務所，会社
7 ☐☐ **defect** [díːfekt]	**名** 欠陥，欠点 **形** defective 欠陥のある，不完全な **副** defectively 不完全に
8 ☐☐ **dangerous** [déɪndʒərəs]	**形** 危険な ⇔ safe 安全な，危険のない
9 ☐☐ **stack** [stæk]	**動** を積み上げる **名** （物を積み上げた）山
10 ☐☐ **pay attention to ～**	～に注意を払う
11 ☐☐ **leave** [liːv]	**動** を放置する；を去る；を辞める **名** 休暇

12 □□ **doorway** [dɔ́ːrwèɪ]	名 出入り口
13 □□ **obey** [oʊbéɪ] ❶	動 に従う ⬌ disobey に従わない
14 □□ **fail to** *do*	～しない
15 □□ **return** [rɪtə́ːrn]	動 復帰する〈to ～に〉；を戻す 名 戻ること，帰ること；返すこと
16 □□ **conduct** [kəndʌ́kt] ❶	動 を実施する ● conduct a survey 調査を実施する
17 □□ **assessment** [əsésmənt]	名 評価 動 assess を評価する
18 □□ **measure** [méʒər] ❶	名（通例 -s）対策，手段 動 を測定する ● take measures 対策を講じる

2

不動産・工事

■3 銀行からホテルへの建て替え　記事

[1]**Demolition** to [2]**Destination**

The First [3]**National** Bank Building, a Galveston [4]**landmark** loved by residents for decades, is scheduled for demolition. Plans have been finalized to [5]**replace** the old bank building **with** an [6]**elegant** five-star hotel. It will be part of the Gregorio Hotel chain and is sure to help grow Galveston's reputation as a tourist destination. Following [7]**advice** from local [8]**conservation** groups, they've [9]**decided to** [10]**preserve** the building's [11]**historic** front and turn it into the hotel's entrance.

The [12]**proposed** hotel, conveniently located [13]**in the heart of** town, will provide modern amenities and the [14]**comfort** that the hotel industry in Galveston currently lacks. With 50 luxury rooms, the hotel will [15]**cater to** the increasing number of visitors who come to experience Galveston's exciting night markets and the wide variety of cultural offerings. The hotel is [16]**within walking distance** of several key [17]**attractions**, including the [18]**renowned** Liberty Theater and Costanza Art Gallery.

🏴 (150 words)

[1]取り壊しから [2]目的地へ

ガルベストンの [4]歴史的建造物として何十年も住民に愛されてきた第一 [3]全国銀行ビルが取り壊される予定です。古い銀行ビルを [6]上品な 5 つ星ホテル [5]に建て替える計画が最終的に認められました。このホテルは Gregorio ホテルチェーンの一部となり，観光地としてのガルベストンの名声を高めるのにきっと役立つでしょう。地元の [8]保護団体の [7]助言に従い，彼らは建物の [11]歴史上重要な正面 [10]を保存し，それをホテルのエントランスに変身 [9]させることを決定しました。

町 [13]の中心部という便利な立地に [12]計画されているこのホテルは，ガルベストンのホテル業界に現在欠けている近代的な設備と [14]快適さを提供します。豪華な客室 50 室で，このホテルはガルベストンの刺激的なナイトマーケットや多種多様な文化を体験するために訪れる観光客数の増加 [15]に対応します。ホテルは，[18]有名な Liberty 劇場や Costanza 美術館を含むいくつかの主要 [17]観光名所から [16]徒歩圏内にあります。

銀行からホテルへの建て替え

1 ☐☐ **demolition** [dèməlíʃən]	名 取り壊し 動 demolish を破壊する
2 ☐☐ **destination** [dèstinéiʃən]	名 目的地 ● tourist destination 観光地
3 ☐☐ **national** [nǽʃənəl] ❶	形 全国的な；国内の 名 nation 国, 国家
4 ☐☐ **landmark** [lǽndmàrk]	名 歴史的建造物；目印 ● historical landmark 歴史的建造物
5 ☐☐ **replace _A_ with _B_**	A を B に建て替える，A を B に取り替える
6 ☐☐ **elegant** [éligənt]	形 上品な 名 elegance 上品　副 elegantly 上品に
7 ☐☐ **advice** [ədváis] ❶	名 助言 動 advise に助言する, に忠告する
8 ☐☐ **conservation** [kà(:)nsərvéiʃən]	名 保護 動 conserve を保護する　形 conservative 保守的な 副 conservatively 保守的に
9 ☐☐ **decide to _do_**	～することに決める
10 ☐☐ **preserve** [prizə́:rv] ❶	動 を保存する 名 preservation 保存
11 ☐☐ **historic** [histɔ́(:)rik] ❶	形 歴史上重要な 名 history 歴史

12 ☐☐ **proposed** [prəpóʊzd]	形 提案された
13 ☐☐ **in the heart of ~**	~の中心部に
14 ☐☐ **comfort** [kʌ́mfərt] ❶	名 快適さ 形 comfortable 快適な
15 ☐☐ **cater to ~**	~に対応する ● catering service ケータリングサービス
16 ☐☐ **within walking distance**	徒歩圏内で
17 ☐☐ **attraction** [ətrǽkʃən]	名 (観光の) 名所, 人を引き付けるもの 動 attract を引き付ける　形 attractive 魅力的な
18 ☐☐ **renowned** [rɪnáʊnd]	形 有名な 名 renown 名声 ≒ famous

不動産・工事

■4 建物点検のお知らせ　Eメール

To: All employees　From: Hal Wheaton
Date: March 20
Subject: **¹Routine ²Inspections**

I am writing to inform you of an important update regarding our elevator services in Optilux Tower. Mandatory safety inspections will **³temporarily** affect elevator services on Thursday, March 23 and Friday, March 24.

On Thursday, three of our six elevators will be **⁴out of service** for inspections. The remaining three elevators will **⁵undergo** the **⁶same** process on Friday. During these two days, we anticipate some crowding and longer waiting times, **⁷especially** during peak hours.

To minimize **⁸disruptions** to your workday, we advise you to plan your **⁹commute** while **¹⁰taking into consideration** the extra time needed for entering or **¹¹exiting** the building. We also request that you **¹²notify** any guests or clients with scheduled **¹³appointments of** this temporary situation.

Please note that the **¹⁴freight** elevator will remain **¹⁵operational** during this period. However, its use is **¹⁶restricted** to the **¹⁷transportation** of heavy **¹⁸objects** and equipment only.

We understand that this may cause some inconvenience, but these inspections are important for our safety. Building management appreciates your patience and **¹⁹cooperation** during this period.

Hal Wheaton

(184words)

宛先：全従業員　差出人：Hal Wheaton
日付：3 月 20 日
件名：¹定期 ²点検

Optilux Tower のエレベーターサービスについて，重要なお知らせがあり，E メール をお送りしています。必須の安全点検により 3 月 23 日（木）と 3 月 24 日（金）の エレベーターサービスに ³一時的に影響が出る予定です。

木曜日には，6 台のエレベーターのうち 3 台が点検のため ⁴使用できなくなります。残 りの 3 台も金曜日に ⁶同様の過程 ⁵を経ます。この 2 日間は，⁷特にピーク時に，混雑 と待ち時間がより長くなることが予想されます。

就業日への ⁸支障を最低限にするため，ビル ¹¹を出たり入ったりするのに要する時間 の余裕 ¹⁰を考慮に入れ，⁹通勤計画を立てることをお勧めします。また，予定された ¹³面会の約束のあるお客さまやお取引先さまには，この一時的な状況 ¹²を知らせるよ うお願いいたします。

この期間中も ¹⁴貨物用エレベーターは ¹⁵ご利用いただけることをご承知おきくださ い。ただし，重量のある ¹⁸物や備品のみの ¹⁷運搬に ¹⁶限らせていただきます。

ご不便をおかけすることもあるかと存じますが，これらの点検は安全確保のために重 要です。ビル管理者は，この期間中の皆さんの忍耐と ¹⁹協力に感謝しています。

Hal Wheaton

建物点検のお知らせ

1 ☐☐ **routine** [rùːtíːn] 🔊	形 決まった，いつもの，日常の 名 日課 副 routinely いつものように，日常的に
2 ☐☐ **inspection** [ɪnspékʃən]	名 点検 動 inspect を調べる，を検査する
3 ☐☐ **temporarily** [tèmpərérəli] 🔊	副 一時的に 形 temporary 一時的な
4 ☐☐ **out of service**	使用できなくなって
5 ☐☐ **undergo** [ʌndərgóu] 🔊	動 (検査など) を経る，を受ける 🔁 go through ～
6 ☐☐ **same** [seɪm]	形 同様な
7 ☐☐ **especially** [ɪspéʃəli]	副 特に
8 ☐☐ **disruption** [dɪsrʌ́pʃən]	名 混乱，妨害 動 disrupt を混乱させる
9 ☐☐ **commute** [kəmjúːt]	名 通勤，通学 動 通勤する，通学する 〈to ～へ〉 名 commuter 通勤者，通学者
10 ☐☐ **take into consideration**	～を考慮に入れる
11 ☐☐ **exit** [égzət] 🔊	動 を出る 名 出口 🔁 enter に入る

12 ☐☐ **notify** *A* **of** *B*	A に B を知らせる 🟰 inform *A* of *B*
13 ☐☐ **appointment** [əpɔ́intmənt]	名 約束 動 appoint を任命する，を指名する
14 ☐☐ **freight** [freɪt] ❶	名 運送貨物 ● freight elevator 貨物用エレベーター
15 ☐☐ **operational** [à(:)pəréɪʃənəl]	形 使用できる 動 operate を操作する　名 operation 運転，操作
16 ☐☐ **restrict** [rɪstríkt]	動 を限定する，を制限する 名 restriction 制限，制約
17 ☐☐ **transportation** [trænspərtéɪʃən]	名 運搬 動 transport を輸送する ● transportation system 交通機関
18 ☐☐ **object** [á(:)bdʒekt] ❶	名 物，物体；目標，目的　動 反対する〈to 〜に〉 名 objection 反対 ● 動詞の発音は [əbdʒékt]
19 ☐☐ **cooperation** [kouà(:)pəréɪʃən]	名 協力 動 cooperate 協力する　形 cooperative 協力的な

不動産・工事

5 建物の清掃会社 広告

Efficient Cleaning Solutions for Your Office Space

SuperPro Office Cleaners provides cleaning services [1]**exclusively** to offices in [2]**commercial** buildings. We believe our [3]**combination** of high-quality cleaning and [4]**reasonable** rates is [5]**impossible** to beat.

Group Discounts:

We offer substantial discounts to businesses within the same building who [6]**register for** our services together. The more businesses that sign up, the greater the savings are for each. Speak with our sales consultants for details.

[7]**Flexible Cleaning Schedules:**

Our cleaning services are [8]**tailored** to fit your business needs. We offer a range of cleaning schedules, from nightly to [9]**weekly** cleanings so that business owners can select a [10]**frequency** [11]**in line with** their specific needs. Our teams operate between 7:00 P.M. and 3:00 A.M., in order not to [12]**interfere with** your business [13]**operations**.

Premium Cleaning Products:

[14]**Quality** is our [15]**priority**. We use only top-brand cleaning products that [16]**guarantee** a deep clean without leaving any residue* or unpleasant smells.

Get in Touch:

To learn more about our [17]**services** or to [18]**consult with** a company [19]**representative**, please contact us:

Tel: 632-555-7865 **Web site**: www.superproofficecleaners.com

■■ (177 words)

* residue 残留物

オフィススペースの効率的な清掃解決策

SuperPro オフィス清掃社は，²商業ビルのオフィス¹専用の清掃サービスを提供しています。当社の質の高い清掃と⁴手頃な料金の³組み合わせは，他社には⁵絶対に負けないものと確信しております。

団体割引：
一緒に当サービス⁶にご登録いただいた同じビル内の企業に，大幅な割引をご提供いたします。ご契約の企業数が多ければ多いほど，それぞれの割引額も大きくなります。詳しくは当社の営業コンサルタントにご相談ください。

⁷柔軟な清掃スケジュール：
当社の清掃サービスは，お客さまのビジネスニーズに合うように⁸調整いたします。夜間清掃から⁹週1回の清掃まで，さまざまな清掃スケジュールをご用意しておりますので，企業のオーナーはそれぞれの特定のニーズ¹¹と一致した¹⁰頻度をお選びいただけます。企業の¹³業務¹²に支障をきたさないように，当社のチームは午後7時から午前3時までの間に業務を行います。

プレミアム清掃製品：
¹⁴品質が当社の¹⁵優先事項です。どんな残留物や不快な臭いも残さず，徹底的な清掃¹⁶を保証するトップブランドの清掃製品のみを使用しています。

お問い合わせ：
¹⁷業務に関する詳細を知るには，または¹⁹担当者¹⁸と相談するには，当社までご連絡ください：

電話番号：632-555-7865　　**Web サイト**：www.superproofficecleaners.com

---

人以外にも使われる who

第2段落1文目の businesses within the same building who register for our services という表現を見て，「おや？」と思った方もいるでしょう。ここでの businesses は「企業」を意味していて「人」ではありませんが，企業体はそもそも人の集合体であり，これを人と見なして関係代名詞の who を当てはめていると考えられます。

建物の清掃会社

1 ☐☐ **exclusively** [ıksklú:sıvli]	副 独占的に，排他的に 形 exclusive 独占的な，排他的な
2 ☐☐ **commercial** [kəmə́:rʃəl]	形 商業の ● commercial building 商業ビル
3 ☐☐ **combination** [kà(:)mbınéıʃən]	名 組み合わせ 動 combine を組み合わせる
4 ☐☐ **reasonable** [rí:zənəbl]	形 手頃な 副 reasonably 手頃に ● reasonable rate 手頃な料金
5 ☐☐ **impossible** [ımpá(:)səbl]	形 不可能な ⇔ possible 可能な
6 ☐☐ **register for ～**	～に登録する
7 ☐☐ **flexible** [fléksəbl]	形 柔軟な
8 ☐☐ **tailor** [téılər]	動 を注文で作る　名 仕立屋，テーラー
9 ☐☐ **weekly** [wí:kli]	形 週に1回の　副 毎週　名 週刊誌
10 ☐☐ **frequency** [frí:kwənsi] ●	名 頻度 形 frequent 頻繁な　副 frequently 頻繁に
11 ☐☐ **in line with ～**	～と合致して

12 ☐☐ **interfere with ～**	〜を妨害する
13 ☐☐ **operation** [à(ː)pəréɪʃən]	名 仕事 動 operate 働く　形 operational 使用できる
14 ☐☐ **quality** [kwá(ː)ləti] ❶	名 品質
15 ☐☐ **priority** [praɪɔ́(ː)rəti]	名 優先事項 形 prior 前の，事前の ● top priority 最優先事項
16 ☐☐ **guarantee** [gæ̀rəntíː] ❶	動 を保証する　名 保証；保証書
17 ☐☐ **service** [sə́ːrvəs] ❶	名 (通例 -s) 業務；サービス
18 ☐☐ **consult with ～**	〜と相談する ≒ talk with ～
19 ☐☐ **representative** [rèprɪzéntətɪv]	名 担当者，代表者 形 代表する，代表の 名 representation 代表；表現

不動産・工事

6 会議室のレイアウト変更の相談 会話

W: Jack, why do we have a kitchen in the ¹<u>conference</u> room? It ²<u>occupies</u> so much space, and we never use it.

M: Yeah. It was here before we ³<u>moved in</u>. The company that ⁴<u>used to</u> rent these offices ⁵<u>installed</u> it because they hosted a lot of events. We need more ⁶<u>seating</u> in there, especially ⁷<u>now that</u> we have so many new employees.

W: How about ⁸<u>getting rid of</u> it, then? We've got some ⁹<u>leftover</u> money in the budget, so I'm sure we could afford to have it removed.

M: ¹⁰<u>Sounds</u> good, but don't we need to get ¹¹<u>permission</u> from the ¹²<u>landlord</u> for such a ¹³<u>significant</u> change?

W: I checked our lease agreement, and it looks like we're allowed to ¹⁴<u>modify</u> the interior of our office.

M: That's great news. I'd like to know how much it'll cost before we make a decision, ¹⁵<u>though</u>.

W: True. I'll ¹⁶<u>approach</u> two or three ¹⁷<u>different</u> companies and ask for ¹⁸<u>quotes</u>. We can take a look at their ¹⁹<u>proposals</u> and then discuss it again.

W: 🇬🇧 M: 🇨🇦 (163 words)

W：Jack，なぜ ¹会議室にキッチンがあるのですか。とても広いスペース ²を占領していますが，私たちはそれを全然使いませんよね。

M：そうですね。私たちが ³引っ越してくる前からここにありましたよ。⁴以前これらのオフィスを借りていた会社はたくさんのイベントを主催していたので，それ ⁵を設置したんです。特に，⁷今や当社には新入社員がとても多いので，その中にもっと ⁶席が必要ですね。

W：では，キッチン ⁸をなくしてしまうのはどうでしょうか。いくらか予算に ⁹余りが出たので，撤去する余裕はきっとあると思います。

M：良い ¹⁰と思いますが，こんな ¹³大幅な変更には ¹²家主の ¹¹許可がいるのではありませんか。

W：賃貸契約書を確認したところ，オフィスの内装 ¹⁴を変更することは許可されているようです。

M：それはよかったです。¹⁵けれど，判断する前に費用がどのくらいかかるのか知りたいですね。

W：確かにそうですね。2, 3 の ¹⁷異なる会社 ¹⁶に話をもちかけて，¹⁸見積もりを頼んでみます。その ¹⁹提案書を見て，また相談しましょう。

会議室のレイアウト変更の相談

1 ☐☐ **conference** [kά(:)nfərəns]	**名** 会議 **≡** meeting
2 ☐☐ **occupy** [ά(:)kjupàɪ] ⚠	**動** を占領する **名** occupation 占領
3 ☐☐ **move in**	引っ越す
4 ☐☐ **used to** *do*	以前は〜していた
5 ☐☐ **install** [ɪnstɔ́:l]	**動** を設置する **名** installation 設置
6 ☐☐ **seating** [síːṭɪŋ]	**名** 席，座席 **動** seat を座らせる
7 ☐☐ **now that ...**	今や…なので
8 ☐☐ **get rid of 〜**	〜を取り除く，〜を処分する
9 ☐☐ **leftover** [léftòʊvər]	**形** 余りの　**名** 残り物；食べ残し
10 ☐☐ **sound** [saʊnd]	**動** に思われる ● Sounds good. で「いいですね」というあいづちの表現になる
11 ☐☐ **permission** [pərmíʃən]	**名** 許可；(通例 -s) 許可証 **動** permit を許可する　**名** permit 許可；許可証 ● パッセージでの用法は不可算名詞なので冠詞はつかない

12 □□ **landlord** [lǽndlɔ̀:rd]	名 家主
13 □□ **significant** [sɪɡnífɪkənt] ❶	形 大幅な；重要な 名 significance 重要性　副 significantly 著しく
14 □□ **modify** [má(:)dɪfàɪ]	動 を変更する，を修正する 名 modification 修正，変更
15 □□ **though** [ðoʊ] ❶	副 でも，けれど ● 文末に置かれることが多い
16 □□ **approach** [əpróʊtʃ] ❶	動 に話をもちかける；に近づく 名 近づくこと〈to ~へ〉
17 □□ **different** [dífərənt]	形 異なった ⇔ similar 似ている，類似した
18 □□ **quote** [kwoʊt] ❶	名 見積もり
19 □□ **proposal** [prəpóʊzəl]	名 提案書，提案 動 propose を提案する

不動産・工事

7 賃貸契約について 電話のメッセージ

Hello, this is Greg Peters from Downtown **¹Real Estate**. I called you **²a couple of** times this afternoon. You **³seem to** be busy, so I'm leaving this message. We've found an apartment that seems like a great fit for you. It's a south-facing apartment with two bedrooms and a large kitchen, just like you **⁴requested**.

The owner **⁵requires** a two-year **⁶lease** **⁷agreement**, and if you **⁸end up** leaving before the lease **⁹expires**, there's a one-month rent penalty. I hope this will not be a big problem for you.

And just so you're **¹⁰aware**, we have other potential **¹¹tenants** interested in this apartment. Due to the high demand and limited **¹²availability**, I'd **¹³recommend** reviewing the contract and making a **¹⁴decision** soon. I'll e-mail you a **¹⁵document** containing the apartment's address, room layout, rent and other important information.

Please give me a call back to discuss it **¹⁶further** or to arrange a viewing. Bye.

(152 words)

もしもし，Downtown¹不動産の Greg Peters です。本日の午後，²何度かお電話いたしました。お忙し ³そうですので，このメッセージを残します。私たちはあなたにぴったりだと思えるアパートを見つけました。南向きのアパートで，ベッドルームが 2 つに広いキッチンがついていて，あなたの ⁴ご要望通りです。

オーナーは 2 年間の ⁶賃貸 ⁷契約 ⁵を要求しており，もし契約期間が ⁹終了する前に退去すること ⁸になった場合，家賃 1 カ月分の違約金が発生します。あなたにとってこれが大きな問題にならないことを願っています。

それから，一応 ¹⁰知っておいてほしいのですが，他にもこのアパートに興味がある潜在的な ¹¹借り手がいます。アパートへの需要が高く，入居 ¹²可能なアパートの数が限られているため，契約を再検討しすぐに ¹⁴決断すること ¹³をお勧めします。アパートの住所，間取り，賃料とその他の重要な情報を記載した ¹⁵書類を E メールでお送りします。

物件について ¹⁶さらなるご相談，もしくは内覧をご希望の際は，折り返しお電話でご連絡ください。それでは。

賃貸契約について

1 □□ **real estate**	不動産
2 □□ **a couple of ～**	いくつかの～
3 □□ **seem to *do***	～するように思われる ⊟ appear to *do*
4 □□ **request** [rɪkwést]	動 を要請する　名 要望，依頼
5 □□ **require** [rɪkwáɪər]	動 を要求する 名 requirement 必要条件
6 □□ **lease** [li:s]	名 賃貸借 動 を賃貸しする，を賃借りする
7 □□ **agreement** [əɡríːmənt]	名 契約；合意 動 agree 同意する ⬌ disagreement 不一致，意見の相違
8 □□ **end up ～**	最後には～になる
9 □□ **expire** [ɪkspáɪər]	動 終了する，満期になる 名 expiration 満了 ● expiration date（契約）満了日
10 □□ **aware** [əwéər]	形 知っていて，気付いていて〈of ～に，～を〉 名 awareness 気付いていること；意識
11 □□ **tenant** [ténənt] ❶	名 借り手，テナント

12 ☐☐ **availability** [əvèɪləbíləṭi]	**名** 利用の可能性 **形** available 利用できる，入手できる
13 ☐☐ **recommend** [rèkəménd] ❶	**動** を勧める〈*doing* 〜すること〉 **名** recommendation 推薦
14 ☐☐ **decision** [dɪsíʒən] ❶	**名** 決定 **形** decisive 決定的な，決め手となる
15 ☐☐ **document** [dá(:)kjumənt]	**名** 書類 ● attached document 添付書類
16 ☐☐ **further** [fə́ːrðər] ❶	**副** さらに ● farther「もっと遠くに」は物理的な距離の遠さを表す

7

129

不動産・工事

⑧ 通行止めの案内 放送

Good morning, listeners. This morning, we have an ¹**important** ²**traffic** ³**announcement**. There's a temporary road ⁴**closure** on Douglass Street in Greendale. Both lanes have ⁵**suffered** a lot of damage due to recent heavy rains, and some repair work will be carried out.

The closure is causing a lot of traffic ⁶**congestion** in the area. ⁷**Commuters** who ⁸**regularly** travel via Douglass Street are ⁹**advised to** take a ¹⁰**detour** along Musgrave Road. However, please be aware that significant traffic delays are expected, especially during rush hours. We ¹¹**strongly** recommend leaving your home earlier than usual to avoid being caught in these delays.

Unfortunately, the street will be closed to traffic for ¹²**at least** a week. During this period, construction crews will be working day and night to complete the repairs as ¹³**quickly** as possible. A ¹⁴**spokesperson** for the Public Works Department has explained that they understand how noisy the work is, and that they are doing all they can to complete the noisiest parts of the job during the day.

¹⁵**Stay tuned** to B105 FM for further traffic updates. After some messages from our sponsors, we'll be back with other local news.

🇬🇧 (190 words)

リスナーの皆さん，おはようございます。今朝は ¹重要な ²交通の ³お知らせがあります。グリーンデールのダグラス通りで一時的な道路の ⁴封鎖があります。最近の大雨が原因で両車線とも大きな被害 ⁵を受けており，補修工事が行われる予定です。

この封鎖により，同地域では多くの交通 ⁶渋滞が発生しています。⁸いつもダグラス通りを経由している ⁷通勤者の皆さまには，マスグレーブ通り沿いの ¹⁰迂回路を取ること ⁹をお勧めします。しかし，特にラッシュの時間帯には，大幅な交通の遅れが予想されますのでご注意ください。これらの遅延に巻き込まれないよう，いつもより早めに家を出ることを ¹¹強くお勧めします。

残念ながら，この通りは ¹²少なくとも 1 週間は通行止めになります。この期間，できる限り ¹³早く補修を完了させるため，建設作業員が昼夜を問わず作業する予定です。公共事業局の ¹⁴代表者は，この作業がいかに騒音を発生させるかを理解しており，作業の最も騒々しい部分を日中に完了させるために彼らができることをすべて行っていると説明しています。

さらなる交通の最新情報については，¹⁵チャンネルはそのまま B105 FM に。いくつかの番組提供者からのメッセージの後，その他の地元のニュースをお届けします。

通行止めの案内

1 ☐☐ **important** [impɔ́ːrtənt]	形 **重要な** ⇔ unimportant 重要でない，とるに足らない
2 ☐☐ **traffic** [trǽfik]	名 **交通** ● traffic congestion 交通渋滞 ● traffic updates 交通の最新情報
3 ☐☐ **announcement** [ənáunsmənt]	名 **お知らせ，発表** 動 announce を知らせる，を公表する
4 ☐☐ **closure** [klóuʒər]	名 **（道路などの）封鎖；閉鎖** 動 close を閉じる；を閉鎖する　形 closed 閉じた；閉店の
5 ☐☐ **suffer** [sʌ́fər]	動 **を受ける，を被る**
6 ☐☐ **congestion** [kəndʒéstʃən]	名 **混雑，密集**
7 ☐☐ **commuter** [kəmjúːtər]	名 **通勤者** 動 commute 通勤する，通学する
8 ☐☐ **regularly** [régjulərli]	副 **定期的に** 形 regular 定期的な
9 ☐☐ **advise *A* to *do***	A に〜**するように勧める** ≒ recommend *A* to *do*
10 ☐☐ **detour** [díːtùər]	名 **迂回路，回り道** ● take a detour 回り道をする
11 ☐☐ **strongly** [strɔ́(ː)ŋli]	副 **強く**

12 ☐☐ **at least**	少なくとも ⟷ at most 多くて
13 ☐☐ **quickly** [kwíkli]	副 早く 形 quick 素早い
14 ☐☐ **spokesperson** [spóukspə̀ːrsən] ❶	名 代表者
15 ☐☐ **stay tuned**	チャンネルを変えずに聞き続ける

9 自動車修理店の移転先の相談 会話

M: Rose, we need to talk about finding a new location for our auto repair shop. There's not ¹**enough** ²**room** here anymore. Both of the car wash areas are always ³**full** and there's nowhere to park the cars after we've cleaned them.

W: I know. I found a space that looked perfect last night, but it's in a ⁴**residential** area. We'd have to ⁵**deal with** a lot of noise ⁶**complaints** there.

M: Oh! You've been thinking about this, too. I've heard there's a great one in Mansfield, but that's on the other side of town, and I ⁷**doubt** that our ⁸**existing** customers are willing to travel so far.

W: That situation must be avoided. It took us a long time to become ⁹**profitable** here. We should try our best at maintaining our current customer ¹⁰**base**. How about speaking with a real estate agency about buying a piece of ¹¹**land** and building our own repair shop?

M: Good idea. There's actually an ¹²**empty** ¹³**block** next to the gasoline stand on Lee Street. It could ¹⁴**be ideal for** us.

W: Oh, I know that spot. It's easily ¹⁵**accessible** and ¹⁶**visible**.

M: 🇦🇺 W: 🇺🇸 (182 words)

M：Rose, 私たちは当社の自動車修理店の新しい場所探しについて話し合う必要があります。ここにはもう ¹十分な ²スペースがありません。洗車場は両方ともいつも ³満車ですし，洗車した後に車を停めておく場所もないです。

W：そうですね。昨夜，最適に思えたスペースを見つけたのですが，それは ⁴住宅街の中にあるんです。そこでは多くの騒音の ⁶苦情 ⁵に対処しなければいけないでしょう。

M：おお！ あなたもこのことについて考えていたんですね。私はマンスフィールドにとてもいい場所があると聞いたのですが，そこは町の反対側ですし，⁸既存の顧客がそんなに遠くまで喜んで来てくれる ⁷とは思えません。

W：そのような状況は避けなければいけません。当社がここで ⁹利益を上げられるようになるのには長い時間がかかりました。私たちは現在の顧客 ¹⁰基盤を維持することにベストを尽くすべきです。一区画の ¹¹土地を買って自分たちの修理店を建てることについて，不動産会社に相談してみるのはどうでしょうか。

M：良い考えですね。実はリー通りのガソリンスタンドの隣に ¹²空き ¹³地があるんです。そこは私たち ¹⁴にとって理想的かもしれません。

W：ああ，その場所なら知っています。そこは簡単に ¹⁵アクセスできますし，¹⁶人目につきますね。

自動車修理店の移転先の相談

1 ☐☐ **enough** [ɪnʌ́f] ❶	形 十分な　名 十分な数（量）　副 十分に
2 ☐☐ **room** [ru:m]	名 スペース，空間，場所；部屋 ● 「スペース，空間，場所」の意味では不可算名詞
3 ☐☐ **full** [fʊl]	形 満員の
4 ☐☐ **residential** [rèzɪdénʃəl]	形 住宅の 名 resident 居住者
5 ☐☐ **deal with ～**	～に対処する 🖦 handle
6 ☐☐ **complaint** [kəmpléɪnt]	名 苦情 動 complain 不満を言う
7 ☐☐ **doubt** [daʊt] ❶	動 …でないと思う；を疑う 名 疑い
8 ☐☐ **existing** [ɪgzístɪŋ]	形 既存の 動 exist 存在する　名 existence 存在すること
9 ☐☐ **profitable** [prá(:)fəṭəbl] ❶	形 利益をもたらす 動 名 profit 利益を得る；利益
10 ☐☐ **base** [beɪs]	名 基盤；土台 名 basis 基礎　形 basic 基礎の　副 basically 基本的に ● customer base 顧客基盤
11 ☐☐ **land** [lænd]	名 土地 動 （飛行機など）を着陸させる

12 □□ **empty** [ém*p*ti]	形 空いている，空の 動 を空にする
13 □□ **block** [blɑ(:)k]	名 一区画，ブロック 動 をふさぐ
14 □□ **be ideal for ～**	～にとって理想的である 🔁 be perfect for ～
15 □□ **accessible** [əksésəbl]	形 アクセス可能な，利用できる；入手可能な 動 access にアクセスする　名 access 利用
16 □□ **visible** [vízəbl]	形 人目につく，目立った；目に見える 名 vision 視界

不動産・工事

⑩ リノベーション Eメール

To: All Employees　From: Selma Wilde
Subject: Temporary Office [1]**Relocation** and Renovation Updates

---

Dear Team,

As you are aware, our current office [2]**is about to** undergo [3]**extensive** renovations to better [4]**fulfill** our needs. During this period, we will be operating from a recently [5]**vacated** school building located at 1428 Elm Street. We expect to return to our newly renovated office by mid-June.

[6]**Until** renovations are complete, all client meetings should be conducted online from home or a rental meeting space. Please [7]**assure** our clients **that** this is a temporary [8]**arrangement**, and that we [9]**are committed to** maintaining the highest level of service during this [10]**transition**. Employees will be reimbursed for [11]**expenses** [12]**related** to client meetings. [13]**Submit** your receipts to the [14]**general affairs department** for processing.

The new office layout will feature an expanded kitchen and break room, which [15]**is equipped with** modern [16]**appliances**. For those interested, the [17]**floor plans** are displayed on the [18]**bulletin board** in the [19]**hallway**.

We appreciate your cooperation during this time. If you have any questions or [20]**concerns**, please feel free to contact me.

Best Regards,

Selma Wilde
Office Manager

■■ (184 words)

受信者：全従業員　送信者：Selma Wilde
件名：一時的なオフィス ¹移転および改装に関する最新情報

チーム各位

ご承知の通り，当社の現在のオフィスはより私たちのニーズ ⁴を満たすため，³大規模な改修工事がされる ²ところです。この期間中は，エルム通り 1428 番地にある最近 ⁵引き払われた校舎で業務を行う予定です。6月中旬までに新しく改装されたオフィスに戻る予定です。

改装が完了する ⁶まで，顧客との面会はすべてご自宅やレンタル会議スペースからオンラインで行われることになります。これは一時的な ⁸体制であり，この ¹⁰移行期間中においても最高レベルのサービスの維持⁹を約束する と顧客 ⁷にお伝えください。顧客との面会に ¹²関連する ¹¹費用は従業員に払い戻されます。手続きを行うには，¹⁴総務部に領収書 ¹³を提出して ください。

新しいオフィスの間取りでは，現代的な ¹⁶電化製品 ¹⁵を備えたキッチンと休憩室の拡張が特徴となります。ご興味のある方のために，¹⁹廊下の ¹⁸掲示板に ¹⁷見取り図が掲示されています。

この間の皆さまのご協力に感謝いたします。ご質問や²⁰懸念点がありましたら，私にお気軽にご連絡ください。

敬具

Selma Wilde
オフィスマネージャー

1 ☐☐ **relocation** [rì:loʊkéɪʃən]	**名** 移転 **動** relocate を移転させる
2 ☐☐ **be about to _do_**	〜するところである，まさに〜しようとしている
3 ☐☐ **extensive** [ɪksténsɪv]	**形** 大規模な；広い，広大な **動** extend を広げる，を拡張する **名** extension 拡張，延長
4 ☐☐ **fulfill** [fʊlfíl] ❶	**動** を満たす **名** fulfillment 満足感；達成
5 ☐☐ **vacate** [véɪkeɪt]	**動** を引き払う，を立ち退く；を空にする
6 ☐☐ **until** [əntíl] ❶	**接** …するまで ● by「〜まで」は期限を表すのに対し，until は継続を表す
7 ☐☐ **assure _A_ that ...**	A に確かに…だと言う，A に…だと保証する
8 ☐☐ **arrangement** [əréɪndʒmənt] ❶	**名** 取り決め；整理 **動** arrange を取り決める；を手配する
9 ☐☐ **be committed to _doing_**	〜することを誓う
10 ☐☐ **transition** [trænzíʃən]	**名** 移行 **名** transit 輸送
11 ☐☐ **expense** [ɪkspéns] ❶	**名** 費用 **形** expensive 値段が高い

12 ☐☐ **related** [rɪléɪṭɪd]	形 関連のある〈to ～に〉 名 relation 関係，関連
13 ☐☐ **submit** [səbmít]	動 を提出する 名 submission 提出，報告書
14 ☐☐ **general affairs department**	総務部
15 ☐☐ **be equipped with ～**	～を備えている
16 ☐☐ **appliance** [əpláɪəns]	名 電気器具，電化製品 ● appliance store 家電販売店
17 ☐☐ **floor plan**	見取り図
18 ☐☐ **bulletin board**	掲示板
19 ☐☐ **hallway** [hɔ́ːlwèɪ]	名 廊下
20 ☐☐ **concern** [kənsə́ːrn]	名 懸念点　動 に関係する；を心配させる 形 concerned 関係のある；心配そうな

不動産・工事
確認テスト

（解答：p.144）

1 次の日本語の意味の単語を下の❶ 〜 ⓰の中から選びなさい。

（1） 頻度	（	）
（2） 全国的な	（	）
（3） 移行	（	）
（4） 一般的に	（	）
（5） 終了する	（	）
（6） 苦情	（	）
（7） 空いている	（	）
（8） 保護	（	）
（9） を実施する	（	）
（10）重要な	（	）
（11）を設置する	（	）
（12）欠陥	（	）
（13）独占的に	（	）
（14）改修	（	）
（15）を限定する	（	）
（16）許可	（	）

---

❶ conduct	❷ complaint	❸ install	❹ conservation
❺ exclusively	❻ important	❼ renovation	❽ frequency
❾ permission	❿ generally	⓫ restrict	⓬ empty
⓭ transition	⓮ national	⓯ expire	⓰ defect

2 次の単熟語の意味に最も近いものをそれぞれ **❶** ～ **❹** の中から 1 つ選びなさい。

（1）be perfect for ～　❶ register for ～　❷ be ideal for ～

❸ approach　❹ be equipped with ～

（2）famous　❶ commercial　❷ renowned

❸ leftover　❹ related

（3）meeting　❶ advice　❷ inspection

❸ service　❹ conference

（4）effect　❶ impact　❷ disruption

❸ patience　❹ comfort

（5）talk with ～　❶ improve　❷ get rid of ～

❸ consult with ～　❹ interfere with ～

（6）region　❶ appointment　❷ area

❸ officer　❹ operation

（7）go through ～　❶ apologize for ～　❷ undergo

❸ cater to ～　❹ occupy

（8）appear to *do*　❶ fail to *do*　❷ decide to *do*

❸ used to *do*　❹ seem to *do*

解答

1　(1) ❽ frequency (→ p.120)

　　(3) ⓭ transition (→ p.140)

　　(5) ⓯ expire (→ p.128)

　　(7) ⓬ empty (→ p.137)

　　(9) ❶ conduct (→ p.109)

　　(11) ❸ install (→ p.124)

　　(13) ❺ exclusively (→ p.120)

　　(15) ⓫ restrict (→ p.117)

　　(2) ⓮ national (→ p.112)

　　(4) ❿ generally (→ p.104)

　　(6) ❷ complaint (→ p.136)

　　(8) ❹ conservation (→ p.112)

　　(10) ❻ important (→ p.132)

　　(12) ⓰ defect (→ p.108)

　　(14) ❼ renovation (→ p.104)

　　(16) ❾ permission (→ p.124)

2　(1) ❷ be ideal for 〜 (→ p.137)

　　(2) ❷ renowned (→ p.113)

　　(3) ❹ conference (→ p.124)

　　(4) ❶ impact (→ p.105)

　　(5) ❸ consult with 〜 (→ p.121)

　　(6) ❷ area (→ p.104)

　　(7) ❷ undergo (→ p.116)

　　(8) ❹ seem to *do* (→ p.128)

イベント・
コミュニティー

イベント・コミュニティー

❶ 見本市への出店案内 広告

All American Building Materials Expo

The first All American Building Materials Expo (AABME) is a good place for [1]**innovative** [2]**manufacturers** to [3]**demonstrate** their products to potential customers in the construction industry. It will be held from September 13 to 16 in Reno, Nevada. This [4]**trade fair** offers a [5]**unique** opportunity for businesses to find innovative materials and equipment that [6]**promise** to save time and money during construction.

We are excited to announce that highly-regarded manufacturers, including Corinthian Roofing and Durasoft Carpets, have already [7]**secured** their [8]**participation**. This shows how [9]**relevant** the event will be to the industry.

The expo will feature 70 [10]**booths**, showcasing a [11]**broad** range of products to help in construction. If your company wants to [12]**present** its newest solutions to major construction firms, this event is definitely for you.

As this is the first time for the hosting of this event, we are offering booths at largely discounted [13]**rates**. Please keep in mind that this is a one-time offer. Booth sizes and pricing details are available on our Web site, where you can also [14]**view** a floor plan of the convention center and select your preferred booth location. [15]**Additionally**, we provide [16]**complimentary** hotel [17]**accommodation** for one booth [18]**attendant** [19]**for the duration of** the expo.

For more information, visit our Web site at www.allamericanbme.com.

🇨🇦 (216 words)

全米建材博覧会

第1回全米建材博覧会（AABME）は，¹革新的な²メーカーにとって，建設業界の潜在顧客に自社製品³を示す格好の場となります。9月13日から16日まで，ネバダ州リノで開催される予定です。この⁴見本市は，企業に建設工事中の時間と費用の節約⁶を約束する，革新的な資材や設備を見つける⁵素晴らしい機会を提供します。

Corinthian屋根やDurasoftカーペットを含め，高い評価を得ているメーカーがすでに⁸参加⁷を確約していることをお知らせすることができ，うれしく思います。これは，このイベントが業界にとっていかに⁹重要であるかを示しています。

同博覧会には70の¹⁰ブースが出展し，建設に役立つ幅¹¹広い製品を紹介します。御社が大手建設会社に最新の解決策¹²を提案したいとお考えでしたら，このイベントは間違いなく御社のためのものです。

本イベントの開催は今回が初めてであるため，大幅な割引¹³価格でブースをご提供いたします。こちらは1回限りのオファーであることをご了承ください。ブースのサイズと料金の詳細は，当社のウェブサイトでご覧いただけます。そちらではコンベンションセンターの間取り図¹⁴を見て，ご希望のブースの位置をお選びいただくこともできます。¹⁵さらに，博覧会¹⁹の期間中，ブース¹⁸参加者1名分の¹⁶無料のホテル¹⁷宿泊をご提供いたします。

詳細は当社ウェブサイト www.allamericanbme.com をご覧ください。

1 ☐☐ **innovative** [ínəvèɪṭɪv] ❶	形 革新的な 名 innovation 革新
2 ☐☐ **manufacturer** [mænjufǽktʃərər]	名 メーカー 動 名 manufacture を製造する；製造
3 ☐☐ **demonstrate** [démənstrèɪt] ❶	動 を示す，を実演する 名 demonstration 実演
4 ☐☐ **trade fair**	見本市 🖥 expo ● 商品見本を展示して商談をする，臨時市場のこと
5 ☐☐ **unique** [juníːk] ❶	形 素晴らしい；唯一の
6 ☐☐ **promise** [prá(ː)məs]	動 を約束する〈to do ～すること〉 名 約束 形 promising 見込みのある
7 ☐☐ **secure** [sɪkjʊ́ər] ❶	動 を確約する 形 安全な
8 ☐☐ **participation** [pɑːrtìsɪpéɪʃən]	名 参加 動 participate 参加する　名 participant 参加者
9 ☐☐ **relevant** [réləvənt]	形 重要性を持つ；関連がある〈to ～と〉
10 ☐☐ **booth** [buːθ]	名 ブース
11 ☐☐ **broad** [brɔːd] ❶	形 （幅の）広い，広々とした

12 ☐☐ **present** [prizént] ❶	**動** を提案する；を贈呈する　**名** プレゼント **名** presentation 発表 ● 名詞の発音は [prézənt]
13 ☐☐ **rate** [reɪt]	**名** 価格；割合 ● discounted rate 割引価格
14 ☐☐ **view** [vju:]	**動** を見る；を考察する **名** 意見；眺め **名** viewer 視聴者
15 ☐☐ **additionally** [ədíʃənəli]	**副** さらに **名** addition 足し算；加えられた物［人］ **形** additional 追加の
16 ☐☐ **complimentary** [kà(:)mpləméntəri]	**形** 無料の；称賛する **動** **名** compliment に賛辞を述べる；賛辞，ほめ言葉 ● cf. complementary 補足的な
17 ☐☐ **accommodation** [əkà(:)mədéɪʃən]	**名** 宿泊サービス，宿泊設備 **動** accommodate を収容する
18 ☐☐ **attendant** [əténdənt]	**名** 参加者 **動** attend に参加する　**名** attendance 参加，出席
19 ☐☐ **for the duration of ~**	～の期間中

イベント・コミュニティー

❷ プログラムの案内 Eメール

To: Maisy Williams　From: Jim Truman
Subject: Invitation to Speak at the annual East Coast Video Production Conference

---

Dear Ms. Williams,

I am writing ¹**on behalf of** the organizing ²**committee** for the ³**upcoming** annual East Coast Video Production Conference scheduled for May 7 and 8. ⁴**Unexpectedly**, our ⁵**original** ⁶**keynote speaker** Jack Simpson has become ⁷**unavailable**, and we are ⁸**looking for** a ⁹**replacement**. To ¹⁰**satisfy** the ¹¹**expectations** of the attendees, we need someone renowned in the ¹²**field**.

We'd like to ¹³**invite** you **to** replace Mr. Simpson as our keynote speaker on May 8 from 3:00 P.M. to 4:00 P.M.

Your ¹⁴**knowledge** and experience are sure to attract the interest of our attendees. We understand that this is ¹⁵**short notice**, but we would appreciate a ¹⁶**response** by noon tomorrow. ¹⁷**In the event that** we do not hear from you, we may need to consider alternative speakers.

We are hoping to ¹⁸**collaborate** with you for this popular annual event.

Sincerely,

Jim Truman
ECVPC Organizing Committee

🇦🇺 (162 words)

受信者：Maisy Williams　送信者：Jim Truman
件名：年次東海岸映像制作会議での講演のご招待

Williams さま

5 月 7 日と 8 日に予定されている，³来たる年次東海岸映像制作会議の組織 ²委員会 ¹を代表してご連絡いたします。⁴予期せぬことに，⁵当初の ⁶基調講演者であった Jack Simpson の ⁷都合がつかなくなったため，私たちは ⁹代わりの方 ⁸を探しています。出席者の ¹¹期待 ¹⁰に応えるため，この ¹²分野で著名な方を必要としています。

私たちはあなたに，Simpson 氏に代わって 5 月 8 日の午後 3 時から午後 4 時に基調講演者になって ¹³いただきたいのです。

あなたの ¹⁴知識と経験は，参加者の興味を引くことと確信しています。¹⁵急なご連絡であることは承知しておりますが，明日の正午までに ¹⁶お返事をいただければ幸いです。ご連絡をいただけない ¹⁷場合は，私たちは別の講演者を検討する必要があるかもしれません。

この毎年恒例の人気イベントで，私たちはあなたと ¹⁸協働することを望んでおります。

敬具

Jim Truman
ECVPC 組織委員会

1 ☐☐ **on behalf of 〜**	〜を代表して

2 ☐☐ **committee** [kəmíṭi]	名 委員会

3 ☐☐ **upcoming** [ʌ́pkʌ̀mɪŋ]	形 来たるべき

4 ☐☐ **unexpectedly** [ʌ̀nɪkspéktɪdli]	副 思いがけなく 形 unexpected 思いがけない，予期しない

5 ☐☐ **original** [ərídʒənəl] ●	形 元々の，最初の 動 originate 起こる，生じる　名 origin 起源；由来 副 originally 当初は，元々は

6 ☐☐ **keynote speaker**	基調講演者 ● cf. keynote speech 基調講演

7 ☐☐ **unavailable** [ʌ̀nəvéɪləbl] ●	形 手が空いていない；利用できない ⇔ available 入手できる；利用できる

8 ☐☐ **look for 〜**	〜を探す

9 ☐☐ **replacement** [rɪpléɪsmənt]	名 代わりの人，代わりのもの 動 replace に取って代わる

10 ☐☐ **satisfy** [sǽṭɪsfàɪ] ●	動 を満足させる 名 satisfaction 満足　形 satisfied 満足した

11 ☐☐ **expectation** [èkspektéɪʃən]	名 期待；予期すること 動 expect を予期する　形 expected 予期された

12 □□ **field** [fiːld]	**名** 分野
13 □□ **invite _A_ to _do_**	A に〜するよう依頼する
14 □□ **knowledge** [nɑ́(ː)lɪdʒ] ❶	**名** 知識 **動** know を知っている　**形** knowledgeable 精通している
15 □□ **short notice**	突然の知らせ
16 □□ **response** [rɪspɑ́(ː)ns] ❶	**名** 返答；反応 **動** respond に応える
17 □□ **in the event that ...**	…の場合は
18 □□ **collaborate** [kəlǽbərèɪt]	**動** 共同して働く〈with 〜と〉 **名** collaboration 共同制作；協力 **形** collaborative 共同の

3 市の芸術プロジェクト 説明

Good morning, team. Tomorrow is the Wilkinson City Art Festival — the event we've been working toward for the last three months. I need everyone to double-check the arrangements today.

First, please make sure to secure the art project's delivery ¹**route**. This is ²**crucial** for smoothly ³**bringing in** the ⁴**artworks**. Contact all businesses which are ⁵**involved** in the festival to confirm they're aware of the festival's start times. This includes ⁶**vendors**, delivery drivers, and ⁷**exhibitors**. Make a checklist and ⁸**go through** it one by one.

Now, ⁹**with regard to** the food vendors, remind them to have their ¹⁰**compliance** forms signed. This is a city health regulation, so there are no ¹¹**exceptions**. Without these signed forms, they won't be allowed to ¹²**participate in** the festival.

Another key point is the traffic control. William Street will be closed to cars and trucks between Carter ¹³**Avenue** and Norman Road. If someone needs to drive there, they must get permission in advance. If they don't have it, tell them to contact our main office by 6:00 P.M. today. Also, ensure that only invited street ¹⁴**performers** are present at the festival. Check if the signs ¹⁵**indicating** this have been ¹⁶**posted** before the event starts.

Our ¹⁷**volunteer** ¹⁸**briefing** will be at 7:00 A.M. at Goldman's Café on the corner of Slater Avenue and William Street. It's the one with the large red ¹⁹**awning**. Make sure our volunteers are ²⁰**informed** about this.

Let's make this festival a ²¹**memorable** one. Thank you all for your hard work.

🏴󠁧󠁢󠁥󠁮󠁧󠁿 (248 words)

チームの皆さん，おはようございます。明日は Wilkinson 市芸術祭です。これは，この 3 カ月間，私たちが準備を進めてきたイベントです。今日は皆さんに手配の再確認をしてもらいたいと思っています。

まず，必ずアートプロジェクトの搬入 [1]ルートの確保をお願いします。これは，スムーズに [4]芸術作品 [3]を搬入するために [2]極めて重要です。祭りの開始時間を把握していることを確認するために，祭りに [5]関係しているすべての事業者に連絡してください。[6]業者，搬入ドライバー，そして [7]出展者などです。チェックリストを作り，ひとつひとつ [8]確認してください。

さて，食品業者 [9]に関しては，[10]コンプライアンス用紙にサインしてもらうよう彼らに念を押してください。これは市の衛生規則なので，[11]例外はありません。これらの署名された用紙がなければ，祭り [12]に参加することはできません。

もう 1 つの重要なポイントは交通規制です。ウィリアム通りは，カーター[13]大通りとノーマン街道の間で車とトラックの通行が禁止されます。もし車でそこに行く必要がある場合は，事前に許可を得なければなりません。許可がない場合は，今日の午後 6 時までに本部に連絡するように伝えてください。また，祭りには必ず招待された大道 [14]芸人だけが参加するようにしてください。イベントが始まる前に，そのこと [15]を示す看板 [16]が掲げられているかどうかを確認お願いします。

[17]ボランティア向けの [18]説明会は午前 7 時にスレーター大通りとウィリアム通りの角にある Goldman's カフェで行われます。大きな赤い [19]日よけのあるカフェです。必ずボランティアにこのこと [20]を伝えておいてください。

[21]思い出に残る祭りにしましょう。お疲れさまでした。

関係代名詞の省略

第 1 段落の the event we've been working toward は，event の後ろにある目的格の関係代名詞が省略されています。わかりやすくするために関係代名詞を補い，toward の位置を変えると，the event toward which we've been working となります。

1 ☐☐ **route** [ru:t] ●	名 ルート
2 ☐☐ **crucial** [krú:ʃəl]	形 極めて重要な
3 ☐☐ **bring in ～**	～を持ち込む
4 ☐☐ **artwork** [á:rtwə̀:rk] ●	名 芸術作品
5 ☐☐ **involve** [ɪnvá(:)lv]	動 を関係させる
6 ☐☐ **vendor** [véndər]	名 業者
7 ☐☐ **exhibitor** [ɪgzíbəṭər]	名 出展者 動 名 exhibit を展示する；展覧会 　名 exhibition 展覧会
8 ☐☐ **go through ～**	～を調べる
9 ☐☐ **with regard to ～**	～に関しては 冒 about
10 ☐☐ **compliance** [kəmpláɪəns]	名 コンプライアンス，法令順守 動 comply 従う，応じる
11 ☐☐ **exception** [ɪksépʃən] ●	名 例外 前 except ～を除いて

12 ☐☐ **participate in ～**	～に参加する 🟰 take part in
13 ☐☐ **avenue** [ǽvənjù:]	名 大通り 🟰 road
14 ☐☐ **performer** [pərfɔ́:rmər]	名 芸人 動 perform を行う；を演じる 名 performance 功績, 業績；公演
15 ☐☐ **indicate** [índɪkèɪt]	動 を示す 名 indicator 指標
16 ☐☐ **post** [poʊst] ❶	動 を掲示する；を投稿する
17 ☐☐ **volunteer** [vὰ(:)ləntíər] ❶	名 ボランティア, 志願者　動 進んで引き受ける 形 voluntary 自発的な　副 voluntarily 自発的に ● do volunteer work ボランティア活動をする
18 ☐☐ **briefing** [brí:fɪŋ]	名 説明会 動 名 形 brief を要約する；要約；短い
19 ☐☐ **awning** [ɔ́:nɪŋ]	名 日よけ ● Part 1 頻出の単語
20 ☐☐ **inform** [ɪnfɔ́:rm]	動 に知らせる 名 information 情報　形 informative 有益な
21 ☐☐ **memorable** [mémərəbl]	形 忘れられない；覚えやすい 動 memorize を暗記する　名 memory 記憶

3

■4 焼き菓子のコンテスト 放送

Good afternoon, listeners! This is Gina Porteous, and I'm here to bring you the latest entertainment news on 102.5 FM. Today, I've got something all the baking **¹enthusiasts** out there will be excited to hear. Our very own Bratland is about to become the filming location for the upcoming television show, *the Bratland Bake-off*!

The Bratland Bake-off promises to have an **²outstanding** lineup of **³celebrity** chefs, who'll **⁴compete** in **⁵a series of** baking challenges. The prizes they win will be **⁶donated** to a **⁷charity** of their choice.

A highly **⁸respected** **⁹panel** of **¹⁰judges** consisting of famous bakers from around the country will **¹¹evaluate** each delicious **¹²creation**. According to a **¹³press release** from the production company, Bratland **¹⁴locals** are welcome to join the live studio audience for each stage of the contest. If you're interested in attending, pick up your phone and dial 555-8423. Tickets are free, but you'll have to **¹⁵act** quickly. We anticipate a lot of interest. The celebrity lineup includes **¹⁶amusing** comedian Reg Monroe, and much-loved pop singer Kiki Tanaka.

The Bratland Bake-off will be **¹⁷broadcast** on StreamFlix this April. It's a show you won't want to miss!

🇺🇸 (190words)

リスナーの皆さん，こんにちは！ Gina Porteous です。102.5FM で最新のエンターテイメントニュースを皆さんにお届けします。今日は，お菓子作り[1]ファンの皆さんが聞いたらわくわくするであろうニュースがあります。私たちのブラットランドが，今度のテレビ番組『ブラットランド焼き菓子コンテスト』の撮影地になろうとしているのです！

『ブラットランド焼き菓子コンテスト』は，[3]有名シェフの[2]傑出したラインナップをお約束します。彼らは，[5]一連の焼き菓子作りで[4]競い合います。彼らが獲得する賞品は，彼らが選んだ[7]慈善団体に[6]寄付される予定です。

全国の著名な焼き菓子職人からなる非常に[8]評判の高い[10]審査[9]委員会が，それぞれのおいしい[12]作品[11]を評価します。制作会社からの[13]プレスリリースによると，ブラットランドの[14]地元の人々は，コンテストの各ステージで，生放送のスタジオで観客として参加することができます。参加に興味のある方は，電話を取って 555-8423 にお電話ください。チケットは無料ですが，急いで[15]行動してください。多くの関心が寄せられることが予想されます。有名人のラインナップには，[16]愉快なコメディアンの Reg Monroe や，多くの人に愛されているポップシンガーの Kiki Tanaka などがいます。

『ブラットランド焼き菓子コンテスト』は今年 4 月に StreamFlix で[17]放送されます。見逃せない番組です！

焼き菓子のコンテスト

1 ☐☐ **enthusiast** [ɪnθjúːziæst]	名 ファン，熱中している人 名 enthusiasm 熱狂；熱意　形 enthusiastic 熱狂的な 副 enthusiastically 熱狂的に
2 ☐☐ **outstanding** [àʊtstǽndɪŋ]	形 傑出した，ずば抜けた 副 outstandingly 著しく，目立って
3 ☐☐ **celebrity** [səlébrəti]	名 有名人；知名度 動 celebrate を祝う　名 celebration 祝賀会 形 celebrated 有名な
4 ☐☐ **compete** [kəmpíːt]	動 競争する 名 competition 競争　形 competitive 競争力のある 副 competitively 他に負けず
5 ☐☐ **a series of ～**	一連の～
6 ☐☐ **donate** [dóʊneɪt]	動 を寄付する 名 donation 寄付 ● donate A to B AをBに寄付する
7 ☐☐ **charity** [tʃǽrəti]	名 慈善団体，チャリティー
8 ☐☐ **respected** [rɪspéktɪd]	形 評判の高い 動 名 respect を尊敬する，を尊重する；尊敬，尊重
9 ☐☐ **panel** [pǽnəl]	名 委員会
10 ☐☐ **judge** [dʒʌdʒ] ❶	名 審査員　動 を判断する 名 judgment 判断；審査
11 ☐☐ **evaluate** [ɪvǽljuèɪt]	動 を評価する 名 evaluation 評価

12 ☐☐ **creation** [kri(:)éɪʃən]	**名** 作品，創作物 **動** create を創造する　**名** creativity 創造力 **形** creative 創造的な
13 ☐☐ **press release**	プレスリリース，報道発表 ● press conference 報道会見
14 ☐☐ **local** [lóʊkəl]	**名** (通例 -s) 地元の人々 **形** 地元の，現地の **副** locally 地元で
15 ☐☐ **act** [ækt]	**動** 行動する，ふるまう **名** 行い **名** action 行動
16 ☐☐ **amusing** [əmjúːzɪŋ]	**形** 愉快な **動** amuse を面白がらせる
17 ☐☐ **broadcast** [brɔ́ːdkæst]	**動** を放送する **名** 放送 ● broadcast は過去形や過去分詞でも形が同じ

4

5 フェリーターミナルのグランドオープン 招待状

Dunhill City invites you to the Grand Opening of Landow Ferry ¹Terminal

We are pleased to invite you as a special guest to the grand opening of the Landow Ferry Terminal at Bartlett Point. This event recognizes the significant ²contribution of the Conway-Mann Ferry Company in the construction of this ³state-of-the-art facility.

＜＜Event Details＞＞
Date: August 3
Time: 7:00 P.M. (Ribbon-Cutting ⁴Ceremony)
Venue: Landow Ferry Terminal, Bartlett Point
Dress Code: ⁵Formal Attire

As a ⁶valued partner, your ⁷presence will be a ⁸highlight of the evening. Following the ribbon-cutting ceremony, you are invited to join us for an ⁹exclusive ¹⁰banquet in the terminal's dining room. While having the excellent dishes, you can also enjoy beautiful music by the city's orchestra.

We are ¹¹honored to host other ¹²distinguished guests, including the ¹³mayor, the head of Carleton Construction Company, and various ¹⁴city officials.

RSVP: Kindly ¹⁵confirm your ¹⁶attendance by July 7.
Contact: Rose Pendergrass (rpendergrass@dunhillcitydot.gov)
We ¹⁷eagerly ¹⁸await your response.

🇨🇦 (157words)

ダンヒル市は Landow フェリー[1]ターミナルのグランドオープンに あなたをご招待します

バートレットポイントの Landow フェリーターミナルのグランドオープンに，特別ゲストとしてご招待できることをうれしく思います。このイベントは，この[3]最先端施設の建設における Conway-Mann フェリー会社の多大な[2]貢献を称えるものです。

<<イベント詳細>>
日付：8月3日
時間：午後7時（テープカット[4]セレモニー）
会場：バートレットポイントの Landow フェリーターミナル
ドレスコード：[5]正装

[6]大切なパートナーとして，皆さまの[7]ご出席はこの夜の[8]ハイライトとなります。テープカットセレモニーに続き，ターミナル内のダイニングルームでの[9]特別な[10]夕食会にご招待いたします。素晴らしいお料理をお召し上がりいただきながら，市内のオーケストラによる美しい音楽もお楽しみいただけます。

[13]市長，Carleton 建設会社の責任者，そして多くの[14]市職員を含む他の[12]著名なゲストをお迎えすることを[11]光栄に思います。

出欠席：7月7日までに[16]出欠[15]を確認するようお願いします。
連絡先：Rose Pendergrass (rpendergrass@dunhillcitydot.gov)
[17]心よりご返事[18]をお待ちしております。

RSVP

RSVP は英語ではなくフランス語ですが，時折，登場する表現です。フランス語の répondez s'il vous plaît の頭文字をとった短縮形であり，「返事をください」という意味です。ここでは，招待に対して「返事をください」という意味で使われていると考え，「出欠席」と訳されています。

フェリーターミナルのグランドオープン

1 ☐☐ **terminal** [tə́:rmənəl]	**名** ターミナル　**形** 終着（駅）の **動** terminate を終わらせる
2 ☐☐ **contribution** [kà(:)ntrɪbjúːʃən]	**名** 貢献 **動** contribute 貢献する
3 ☐☐ **state-of-the-art** [stèɪtʃəvðiáːrt]	**形** 最先端の ⇔ outdated, out-of-date 時代遅れの
4 ☐☐ **ceremony** [sérəmòuni]	**名** セレモニー，式典
5 ☐☐ **formal** [fɔ́:rməl]	**形** 正式の，公式の ⇔ informal 非公式の
6 ☐☐ **valued** [vǽljuːd]	**形** 貴重な；高く評価された **動 名** value を評価する；価値
7 ☐☐ **presence** [prézəns]	**名** 出席；存在 **形** present 現在の；出席している
8 ☐☐ **highlight** [háɪlàɪt]	**名** ハイライト，呼び物 **動** を目立たせる，を強調する
9 ☐☐ **exclusive** [ɪksklúːsɪv]	**形** 限られた；独占的な **副** exclusively 独占的に
10 ☐☐ **banquet** [bǽŋkwət]	**名** 晩餐会，祝宴 ● cf. luncheon 昼食会
11 ☐☐ **honor** [ɑ́(:)nər] ❶	**動** （受身形で）光栄に思う〈to do ～することを〉 **名** 名誉；光栄

12 □□ **distinguished** [dɪstíŋgwɪʃt] ❶	形 有名な，顕著な 動 distinguish を区別する
13 □□ **mayor** [méɪər]	名 市長
14 □□ **city official**	市職員
15 □□ **confirm** [kənfə́ːrm]	動 を確認する 名 confirmation 確認
16 □□ **attendance** [əténdəns]	名 出席 動 attend に出席する　名 attendee 出席者 形 attendant 出席の
17 □□ **eagerly** [íːgərli]	副 熱望して；熱心に 形 eager 熱望している
18 □□ **await** [əwéɪt]	動 を待つ 🟰 wait for ～

6 授賞式の案内 Eメール

To: Pierre Lumiere   From: Christine Wagner
Subject: Invitation to the Innovare Architectura Excellence [1]**Award** Ceremony

---

Dear Mr. Lumiere,

It gives me great [2]**pleasure** to invite you to the Innovare Architectura Excellence Award Ceremony [3]**in recognition of** your [4]**remarkable** work on the San Francisco Music Hall. The event is scheduled for December 7 at the Xanadu Convention Center in Washington, D.C.

The winner of this [5]**prestigious** award will be honored with the title of [6]**Architect** Laureate and be invited to [7]**serve as** a judge in future events. This will give you further opportunity to contribute to the advancement of architectural excellence.

You are welcome to bring up to four guests to [8]**celebrate** this special [9]**occasion**. Please note that the National [10]**Association** of Architects will [11]**cover** your travel and accommodation expenses.

We request your [12]**confirmation** of attendance by November 7. If you [13]**are unable to** join us, you may [14]**designate** a representative to attend on your behalf.

We eagerly await your response and hope to have the honor of your presence at the ceremony.

Warm regards,

Christine Wagner
[15]**Secretary**
National Association of Architects

🇺🇸 (181 words)

受信者：Pierre Lumiere　送信者：Christine Wagner
件名：Innovare Architectura 優秀 [1]賞授賞式のご案内

Lumiere さま

このたびは，サンフランシスコ・ミュージックホールの [4]目覚ましい功績 [3]を称え，Innovare Architectura 優秀賞授賞式にご招待させていただくことを大変 [2]光栄に存じます。授賞式は 12 月 7 日，ワシントン D.C. の Xanadu コンベンションセンターで開催されます。

この [5]名誉ある賞の受賞者には名誉 [6]建築士の称号が授与され，将来的にはイベントにて審査員 [7]を務めるために招待されることになります。これにより，建築の卓越性の発展に貢献する機会がさらに増えることでしょう。

この特別な [9]機会 [8]を祝うために 4 名までのゲストを同伴することができます。なお，全国建築士 [10]協会が旅費・宿泊費 [11]を負担いたします。

11 月 7 日までに出欠 [12]確認をお願いいたします。参加 [13]できない場合は，代わりに出席する代理の方 [14]をご指名いただいても結構です。

お返事をお待ちし，また授賞式へ参加いただけることを願います。

よろしくお願いいたします。

Christine Wagner
[15]秘書
全国建築士協会

授賞式の案内

1 ☐☐ **award** [əwɔ́ːrd]	名 賞 動 を授与する ● award-winning 受賞歴のある
2 ☐☐ **pleasure** [pléʒər] ❶	名 光栄，喜び 動 please を喜ばせる　形 pleased 喜んだ
3 ☐☐ **in recognition of ～**	～を称えて
4 ☐☐ **remarkable** [rɪmáːrkəbl]	形 注目すべき，著しい 動 名 remark を述べる；意見，感想
5 ☐☐ **prestigious** [prestíːdʒəs] ❶	形 名声のある 名 prestige 名声，威信
6 ☐☐ **architect** [áːrkɪtèkt] ❶	名 建築家 名 architecture 建築　形 architectural 建築の
7 ☐☐ **serve as ～**	～を務める
8 ☐☐ **celebrate** [séləbrèɪt] ❶	動 を祝う 名 celebration 祝うこと　形 celebrated 有名な ● 目的語に人物が入るときは congratulate「(人)を祝う」を使う
9 ☐☐ **occasion** [əkéɪʒən]	名 機会 形 occasional 時々の　副 occasionally 時々
10 ☐☐ **association** [əsòʊsiéɪʃən]	名 協会 動 associate を連想する　形 associated 関連した
11 ☐☐ **cover** [kʌ́vər]	動 を負担する；を覆う 名 覆い 名 coverage 補償範囲

12 ☐☐ **confirmation** [kà(:)nfərméɪʃən]	名 確認 動 confirm を確認する
13 ☐☐ **be unable to _do_**	～することができない ⇔ be able to _do_ ～することができる
14 ☐☐ **designate** [dézɪɡnèɪt]	動 を指名する；を示す 名 designation 指示，指定；名称
15 ☐☐ **secretary** [sékrətèri] ❶	名 秘書

7 絶滅危惧種の保護 記事

Harmonizing with Nature: Harmontown's New [1]Direction

Harmontown, a beautiful town on Wells Island at Vardy-Cobb Lake, recently [2]**faced** a significant [3]**challenge** in its development plans. A proposed construction of a major factory on the island needed to be reconsidered when a [4]**rare** and [5]**endangered** species of bat was discovered inhabiting the area.

The presence of this species [6]**motivated** local environmental groups into action and led to the rejection of the construction proposal. "The identification of these rare bats emphasizes the necessity for careful consideration in our town's development," said Victor Bell, the leader of the group Animal Heart. "We appreciate the community's [7]**collaborative** efforts to find a resolution that harmonizes with both progress and nature."

The community collectively engaged in extensive discussions involving governmental [8]**authorities**, environmental supporters, and business leaders. The agreement was to [9]**relocate** the factory project to a more suitable location, away from the critical habitat* of the rare bat species. This new location, which [10]**is situated** on the mainland, offers several [11]**advantages** over the original [12]**site**. There is [13]**no longer** any need for building a bridge which would require substantial budget and time.

In a [14]**statement**, Leeman Manufacturing owner Grant Leeman [15]**expressed** support for the decision and [16]**stressed** the importance of protecting [17]**native** plants and animals. "We must balance [18]**industrial** development with [19]**ecological preservation**," he said. "Finding a new site is [20]**not only** a [21]**benefit** for our business **but also** for the environment." 🏴 (236 words)

* habitat 生息地

自然との調和：ハーモンタウンの新たな ¹方向性

バーディ・コブ湖畔のウェルズ島にある美しい町，ハーモンタウンは最近，開発計画で大きな ³難題 ²に直面しました。島で計画されていた大手の工場建設は，この地域に生息する ⁴希少な ⁵絶滅危惧種のコウモリが発見されたことで，再検討を余儀なくされました。

この種の存在が地元の環境保護団体に行動の ⁶動機を与え，建設計画の却下につながりました。Animal Heart というグループの代表者である Victor Bell は，「この希少なコウモリが確認されたことで，私たちの町の開発には慎重な配慮が必要であることが強調されました」と述べました。「私たちは，進歩と自然の両方に調和する解決策を見出そうとする地域社会の ⁷協力的な取り組みに感謝いたします」。

地域社会は団結して，政府 ⁸当局，環境支援者，そしてビジネスリーダーを巻き込んだ広範な話し合いに取り組みました。合意に至ったのは，希少種であるコウモリの重要な生息地から離れた，より適切な場所へ工場計画 ⁹を移転することでした。本土に ¹⁰位置するこの新しい場所には，元の ¹²場所に比べていくつかの ¹¹利点があります。多大な予算と時間を要する橋の建設が ¹³もはや必要なくなったのです。

Leeman 製造のオーナーである Grant Leeman は ¹⁴声明の中で，この決定への支持 ¹⁵を表明し，¹⁷在来の動植物を保護することの重要性 ¹⁶を強調しました。「私たちは ¹⁸産業開発と ¹⁹生態系保全のバランスを取らなければなりません」と彼は言いました。「新しい土地を見つけることは，私たちのビジネスにとって ²⁰だけでなく，環境にとっても ²¹有益なことなのです」。

自然との調和：ハーモンタウンの新たな [1]方向性

バーディ・コブ湖畔のウェルズ島にある美しい町，ハーモンタウンは最近，開発計画で大きな [3]難題 [2]に直面しました。島で計画されていた大手の工場建設は，この地域に生息する [4]希少な [5]絶滅危惧種のコウモリが発見されたことで，再検討を余儀なくされました。

この種の存在が地元の環境保護団体に行動の [6]動機を与え，建設計画の却下につながりました。Animal Heart というグループの代表者である Victor Bell は，「この希少なコウモリが確認されたことで，私たちの町の開発には慎重な配慮が必要であることが強調されました」と述べました。「私たちは，進歩と自然の両方に調和する解決策を見出そうとする地域社会の [7]協力的な取り組みに感謝いたします」。

地域社会は団結して，政府 [8]当局，環境支援者，そしてビジネスリーダーを巻き込んだ広範な話し合いに取り組みました。合意に至ったのは，希少種であるコウモリの重要な生息地から離れた，より適切な場所へ工場計画 [9]を移転することでした。本土に [10]位置するこの新しい場所には，元の [12]場所に比べていくつかの [11]利点があります。多大な予算と時間を要する橋の建設が [13]もはや必要なくなったのです。

Leeman 製造のオーナーである Grant Leeman は [14]声明の中で，この決定への支持 [15]を表明し，[17]在来の動植物を保護することの重要性 [16]を強調しました。「私たちは [18]産業開発と [19]生態系保全のバランスを取らなければなりません」と彼は言いました。「新しい土地を見つけることは，私たちのビジネスにとって [20]だけでなく，環境にとっても [21]有益なことなのです」。

絶滅危惧種の保護

1 ☐☐
direction
[dərékʃən]

> 名 方向性
> 動 direct を監督する　名 director 監督；製作責任者

2 ☐☐
face
[feɪs]

> 動 に直面する；に面している
> 名 顔；表面
> ● Part 1 では「に面している」の意味が頻出

3 ☐☐
challenge
[tʃǽlɪndʒ] ❶

> 名 難題，課題
> 動 に挑戦する
> 名 challenger 挑戦者　形 challenging やりがいのある

4 ☐☐
rare
[reər]

> 形 希少な，まれな
> 副 rarely めったに～ない

5 ☐☐
endangered
[ɪndéɪndʒərd]

> 形 絶滅の危機にある
> 動 endanger を絶滅の危機にさらす
> ● endangered species 絶滅危惧種

6 ☐☐
motivate
[móʊʈəvèɪt] ❶

> 動 に動機を与える
> 名 motivation 動機

7 ☐☐
collaborative
[kəlǽbərèɪʈɪv]

> 形 協力的な
> 動 collaborate 協力する；共同して働く
> 名 collaboration 協力；共同制作

8 ☐☐
authority
[əːθɔ́ːrəʈi] ❶

> 名 当局；権威
> 動 authorize を許可する　名 authorization 許可
> 形 authorized 認可された

9 ☐☐
relocate
[rìːlóʊkeɪt]

> 動 を移転する
> 名 relocation 移転

10 ☐☐
be situated

> 位置している

11 ☐☐
advantage
[ədvǽnʈɪdʒ] ❶

> 名 利点；利益
> ⇔ disadvantage 不利な点
> ● take advantage of ～ ～を活用する

12 ☐☐ **site** [saɪt]	**名** 場所；用地，敷地 ● historical site 史跡
13 ☐☐ **no longer**	もはや〜ない
14 ☐☐ **statement** [stéɪtmənt]	**名** 声明；請求書，報告書 **動 名** state 〜をはっきり述べる；状態
15 ☐☐ **express** [ɪksprés]	**動** を表現する **名** expression 表現　**形** expressive 表現の **副** expressively 表情豊かに
16 ☐☐ **stress** [stres]	**動** を強調する **名** 緊張，ストレス **≡** emphasize
17 ☐☐ **native** [néɪtɪv]	**形** その土地本来の
18 ☐☐ **industrial** [ɪndʌ́striəl] ❶	**形** 産業の **名** industry 産業
19 ☐☐ **ecological preservation**	生態系保全
20 ☐☐ **not only _A_ but also _B_**	A だけでなく B も **≡** _B_ as well as _A_
21 ☐☐ **benefit** [bénɪfɪt]	**名** 利点；手当 **動** 利益を得る〈from 〜から〉

イベント・コミュニティー

8 市のゴミ廃棄ルール 通知

Changes in [1]Garbage [2]Collection Guidelines

We are writing to inform you about important changes to our garbage collection process in Gambia Creek [3]**aimed at** improving how we recycle in our [4]**community** to better [5]**take care of** our [6]**environment**. In the coming weeks, every [7]**household** will receive a new green bin to be used for [8]**recyclable** materials.

What Goes in the Green Bin?

Your green bin is for recyclable items such as paper, cardboard, glass, and [9]**plastic bottles**. [10]**Simply** place all the items in the green bin and they will be [11]**sorted** by our new recycling plant.

When to Use Your Green Bin

Please [12]**refrain from** putting your green bin on the [13]**sidewalk** until September 15. From this date, special trucks will start collecting recyclable items. The bins are designed with a 240-liter capacity, which is sufficient for most family needs. If your household needs an [14]**additional** bin, please [15]**contact** the Gambia Creek City Council Waste Management [16]**Bureau** to request an [17]**extra** one.

Collection Schedule and Regulations

The collection days and times will change based on your street and [18]**suburb**. A detailed [19]**flyer** will be delivered to your mailbox with the specific collection schedule for your area.

We appreciate your cooperation in [20]**adapting to** these new guidelines.

Gambia Creek City Council Waste Management Bureau

🇨🇦 (213 words)

[1]ゴミ [2]収集ガイドラインの変更について

このたび，より良く [6]環境 [5]を管理するために当 [4]コミュニティーでのリサイクル方法を改善すること [3]を目的とした，ガンビアクリークにおけるゴミ収集方法への重要な変更についてお知らせいたします。今後数週間で，すべての [7]ご家庭に [8]リサイクル可能な素材に使用する新しい緑色のゴミ箱が配布されます。

緑色のゴミ箱には何を入れるのか
緑色のゴミ箱は，紙，段ボール，ガラスや [9]ペットボトルなどのリサイクル可能なものを入れるためのものです。すべての品物をただ緑色のゴミ箱に入れる [10]だけで，それらは私たちの新しいリサイクル工場によって [11]分別されます。

緑色のゴミ箱を使用するタイミング
9 月 15 日までは，緑色のゴミ箱を [13]歩道に置くこと [12]は控えてください。この日から，特別なトラックがリサイクル可能な品目を回収し始めます。ゴミ箱の容量は，ほとんどの家族の需要には十分な 240 リットルです。あなたのご家庭が [14]追加のゴミ箱を必要とする場合は，[17]追加依頼のためにガンビアクリーク市議会廃棄物管理 [16]局 [15]にご連絡ください。

収集スケジュールと規則
収集日と時間は，お住まいの通りや [18]郊外によって変わります。お住まいの地域の具体的な収集スケジュールにつきましては，詳細な [19]チラシを郵便受けにお届けいたします。

新ガイドライン [20]へご対応のご協力をお願いいたします。

ガンビアクリーク市議会廃棄物管理局

市のゴミ廃棄ルール

1 ☐☐ **garbage** [gáːrbɪdʒ] ❶	名 ゴミ ≒ trash
2 ☐☐ **collection** [kəlékʃən]	名 収集 動 collect を集める 形 collected 集められた
3 ☐☐ **(be) aimed at ～**	～するように意図されている
4 ☐☐ **community** [kəmjúːnəti]	名 社会集団；地域社会の人々
5 ☐☐ **take care of ～**	～を管理する
6 ☐☐ **environment** [ɪnváɪərənmənt] ❶	名 環境 形 environmental 環境上の 副 environmentally 環境的に
7 ☐☐ **household** [háʊshòʊld]	名 家庭 ● household appliance 家電
8 ☐☐ **recyclable** [riːsáɪkləbl]	形 リサイクル可能な 動 名 recycle を再利用する；リサイクル
9 ☐☐ **plastic bottle**	ペットボトル
10 ☐☐ **simply** [símpli]	副 ただ，単に 形 simple 単純な，簡単な
11 ☐☐ **sort** [sɔːrt]	動 を分類する 名 種類，タイプ

12 □□ **refrain from ～**	～を控える
13 □□ **sidewalk** [sáɪdwɔ̀:k]	**名** 歩道 ● イギリス英語では pavement
14 □□ **additional** [ədíʃənəl]	**形** 追加の **動** add を加える　**名** addition 追加 ● additional charge 追加料金
15 □□ **contact** [ká(:)ntæ̀kt] ●	**動** に連絡する **名** 連絡；接触 **熟** get in touch with ～
16 □□ **bureau** [bjÚərou] ●	**名** 局
17 □□ **extra** [ékstrə] ●	**形** 追加の，余分の
18 □□ **suburb** [sʌ́bə:rb] ●	**名** 郊外
19 □□ **flyer** [fláɪər]	**名** チラシ，ビラ
20 □□ **adapt to ～**	～に順応する ● つづりが似ている adopt は「を採用する」という意味

イベント・コミュニティー

9 観光ツアーの注意 <u>会話</u>

W: Good afternoon, everyone! We've arrived at the Rose Valley shopping ¹**district**, where you can enjoy a little free time. Please enjoy choosing wonderful ²**souvenirs** for your family and friends. This is just a ³**reminder**: we'll be dining at Spargo's in a few hours. It's a fantastic restaurant, so I ⁴**suggest** not ⁵**filling up** too much on the local food at the markets.

M1: Excuse me, I need to ⁶**exchange** some money. Where can I do that?

W: Great question! If you need to exchange ⁷**currency**, I'll ⁸**direct** you **to** an exchange booth ⁹**nearby** with reasonable exchange rates. We'll make a quick stop there before you go exploring.

M1: What time should we meet back here?

W: Please be back at the bus by three o'clock ¹⁰**sharp**. ¹¹**Keep in mind that** the bus can only stay here for ¹²**parking** for a ¹³**maximum** of five minutes, so it might not be here if you return early.

M2: Is it safe to leave our belongings on the bus?

W: I don't recommend leaving any ¹⁴**valuables** on the bus. It's best to take your important items with you for security reasons.

M2: Got it. Thanks.

W: 🇺🇸 M1: 🇦🇺 M2: 🇨🇦 (184 words)

W: 皆さん，こんにちは！ ローズバレーショッピング [1]地区に到着しました。ここで
は少しの間，自由時間をお楽しみいただけます。ご家族やご友人への素敵な [2]お
土産選びをお楽しみください。こちらは [3]注意事項です。私たちはあと数時間後
には Spargo's でディナーをとる予定です。素晴らしいレストランですので，マー
ケットでは地元の食べ物を [5]たらふく食べ過ぎないこと [4]をお勧めします。

M1: すみませんが，お金 [6]を両替したいのです。どこでできますか。

W: 良い質問ですね！ [7]通貨の両替が必要でしたら，[9]近くにある両替レートが手頃な
両替所 [8]へご案内いたします。自由行動に行く前に，そこへ少し立ち寄りましょ
う。

M1: 何時にここに戻ればよいですか。

W: 3 時 [10]ちょうどまでにバスに戻ってきてください。バスがこの [12]駐車場にいられ
るのは [13]最大 5 分間であるため，早く戻った場合はバスがここにないかもしれな
い [11]ということを覚えておいてください。

M2: バスに荷物を置いておくのは安全でしょうか。

W: [14]貴重品をバスに置いておくことはお勧めしません。安全のため，貴重品はご自
身でお持ちになるのがいいでしょう。

M2: わかりました。ありがとうございます。

観光ツアーの注意

1 ☐☐ **district** [dístrɪkt]	**名** 地区 **目** area ● business district 商業地区
2 ☐☐ **souvenir** [sùːvəníər] ❶	**名** お土産
3 ☐☐ **reminder** [rɪmáɪndər]	**名** 注意事項 **動** remind に思い出させる
4 ☐☐ **suggest** [səgdʒést]	**動** を勧める，を提案する **名** suggestion 提案
5 ☐☐ **fill up**	たらふく食べる〈on 〜を〉
6 ☐☐ **exchange** [ɪkstʃéɪndʒ] ❶	**動** を両替する，を交換する **名** 交換
7 ☐☐ **currency** [kə́ːrənsi]	**名** 通貨；流通
8 ☐☐ **direct A to B**	A を B へ案内する
9 ☐☐ **nearby** [nìərbáɪ] ❶	**形** 近くの **副** 近くに
10 ☐☐ **sharp** [ʃɑːrp]	**副** ちょうど **形** 鋭い；（カーブなどが）急な **副** sharply 鋭く；突然，急に ● three o'clock sharp 3 時ちょうど
11 ☐☐ **keep in mind that ...**	…ということを覚えておく **目** remember that ...

12 ☐☐ **parking** [pɑ́ːrkɪŋ]	名 駐車場 動 名 park を駐車する;駐車場 ⊟ parking lot, parking spot
13 ☐☐ **maximum** [mǽksɪməm] ❶	名 最大限 形 最大限の ⟷ minimum 最小限
14 ☐☐ **valuable** [vǽljʊəbl]	名 (通例 -s) 貴重品 形 高価な;貴重な 動 名 value を評価する;価値

イベント・コミュニティー

10 企業広報向けの講習会 説明

Good morning, everyone. I'm Mel Carter, and I [1]**am delighted to** [2]**welcome** you to our full-day seminar on how to [3]**advance** your small business's advertising strategy. Today, we'll discuss how to [4]**analyze** the market, [5]**calculate** a budget, and [6]**devise** the right [7]**form** of advertising for your product.

Our morning session will kick off with a focus on [8]**market research**. I'll guide you through understanding the needs of [9]**prospective** clients and the most effective way to [10]**display** your product to them. Understanding the market is key, and I'm here to share my [11]**insights** on that.

Before we take a lunch [12]**break**, we'll discuss [13]**financing** your advertisement's production costs. It's important to have a [14]**solid** financial plan, and I'll explain the various options available. For lunch, you'll have great options at the conference center's restaurant. There are also several fast-food options nearby.

In the afternoon, we'll [15]**shift** our focus to [16]**realizing** the strategy. This is where you need to focus on your product. We'll [17]**identify** some [18]**tasks** you can do yourself to save costs.

To [19]**wrap up** the day, I'll be showing you some advertisements created by [20]**previous** seminar attendees. You'll see [21]**firsthand** the strategies planned and profits made. This will give you a clear idea of what's achievable with the right approach.

We'll begin shortly. In the meantime, please feel free to take a look at some materials I've prepared for you. Thank you.

(233 words)

皆さん，おはようございます。Mel Carter です。小企業の広告戦略の ^{3}進め方について の1日セミナーに皆さん ^{2}をお招きできたこと ^{1}をうれしく思います。本日は，市 場 ^{4}を分析し，予算 ^{5}を計算し，製品に適した広告の ^{7}形 ^{6}を考案する方法についてお 話しします。

午前中のセッションでは，まず ^{8}市場調査に焦点を当てることから始めます。^{9}見込み 客のニーズの理解と彼らに商品 ^{10}を見せる最も効果的な方法をご案内します。市場を 理解することが重要であり，それについての私の ^{11}洞察をお伝えします。

お昼 ^{12}休憩に入る前に，広告制作費 ^{13}の資金調達についてお話しします。^{14}しっかり した資金計画を立てることが重要であり，利用可能なさまざまな選択肢について説明 します。昼食は，会議場のレストランにて素晴らしい選択肢がございます。近くには ファーストフードの選択肢もいくつかあります。

午後は，戦略の ^{16}実現に焦点 ^{15}を移します。ここではあなたの製品に集中する必要が あります。費用を節約するために，自分でできるいくつかの ^{18}作業 ^{17}を確認する予定 です。

今日 ^{19}を終えるために，^{20}過去のセミナー参加者が作成した広告をお見せします。ど のような戦略を立て，どのような利益を上げたのかを ^{21}直接ご覧いただきます。これ により，正しいアプローチで何が達成可能なのか，明確なアイデアを得ることができ るでしょう。

まもなく開始いたします。それまでの間，私が用意した資料を自由にご覧ください。あ りがとうございました。

知覚動詞
第5段落2文目の see は知覚動詞と言われる動詞です。see ... the strategies planned and profits made は，see the strategies planned and (see) profits made であり，「戦 略が計画される様子を見る，利益が生み出される様子を見る」が直訳です。

1 ☐☐ **be delighted to *do***	〜してうれしい 🔄 be pleased to *do*
2 ☐☐ **welcome** [wélkəm]	動 を歓迎する 形 歓迎される
3 ☐☐ **advance** [ədvǽns]	動 を進める；進む，前進する 名 進歩；前進 名 advancement 進歩；前進　形 advanced 先進の
4 ☐☐ **analyze** [ǽnəlàɪz]	動 を分析する 名 analysis 分析, analyst 分析者
5 ☐☐ **calculate** [kǽlkjulèɪt] ❶	動 を計算する 名 calculation 計算, calculator 電卓
6 ☐☐ **devise** [dɪváɪz]	動 を考案する，を発明する 名 device 装置，デバイス
7 ☐☐ **form** [fɔːrm]	名 形，形式；申し込み用紙 動 を形成する 名 formation 構成；構造
8 ☐☐ **market research**	市場調査
9 ☐☐ **prospective** [prəspéktɪv]	形 見込みのある 名 prospect 見込み，可能性
10 ☐☐ **display** [dɪspléɪ]	動 を見せる，を展示する 名 展示，展示品；表示 ● on display 展示して
11 ☐☐ **insight** [ínsàɪt] ❶	名 洞察 形 insightful 洞察力のある

12 □□ **break** [breɪk] ❶	名 休憩　動 を壊す；故障する ≒ rest ● take a break 休憩する，break room 休憩室
13 □□ **finance** [fáɪnæns]	動 の資金を調達する 名 財政，財務 形 financial 財政上の　副 financially 財政的に
14 □□ **solid** [sɑ́(:)ləd]	形 しっかりした
15 □□ **shift** [ʃɪft]	動 を移す 名 変化，移動；勤務時間，シフト ● morning shift 早朝シフト
16 □□ **realize** [ríːəlàɪz]	動 を実現する；を実感する 名 realization 実現　形 real 本当の；現実の
17 □□ **identify** [aɪdénṯəfàɪ]	動 を確認する，を特定する 名 identification 確認
18 □□ **task** [tæsk]	名 作業，仕事，タスク ≒ work
19 □□ **wrap up**	～を終わりにする
20 □□ **previous** [príːviəs] ❶	形 前の，以前の 副 previously 前に，以前に
21 □□ **firsthand** [fəːrsthǽnd]	副 直接，じかに　形 直接の ● firsthand experience 実地経験

1 次の日本語の意味の単語を下の❶ 〜 ⓰の中から選びなさい。

（1）光栄　　　　　　　　　（　　　　　　　　　　　　　　　）

（2）無料の　　　　　　　　（　　　　　　　　　　　　　　　）

（3）を分析する　　　　　　（　　　　　　　　　　　　　　　）

（4）声明　　　　　　　　　（　　　　　　　　　　　　　　　）

（5）追加の　　　　　　　　（　　　　　　　　　　　　　　　）

（6）思いがけなく　　　　　（　　　　　　　　　　　　　　　）

（7）を寄付する　　　　　　（　　　　　　　　　　　　　　　）

（8）絶滅の危機にある　　　（　　　　　　　　　　　　　　　）

（9）参加　　　　　　　　　（　　　　　　　　　　　　　　　）

（10）を示す　　　　　　　　（　　　　　　　　　　　　　　　）

（11）前の，以前の　　　　　（　　　　　　　　　　　　　　　）

（12）通貨　　　　　　　　　（　　　　　　　　　　　　　　　）

（13）正式の　　　　　　　　（　　　　　　　　　　　　　　　）

（14）を勧める　　　　　　　（　　　　　　　　　　　　　　　）

（15）忘れられない　　　　　（　　　　　　　　　　　　　　　）

（16）に連絡する　　　　　　（　　　　　　　　　　　　　　　）

---

❶ indicate	❷ statement	❸ analyze	❹ participation
❺ contact	❻ unexpectedly	❼ memorable	❽ suggest
❾ donate	❿ additional	⓫ pleasure	⓬ formal
⓭ complimentary	⓮ previous	⓯ endangered	⓰ currency

2 次の単語の意味に最も近いものをそれぞれ ❶ 〜 ❹ の中から1つ選びなさい。

（1） rest
❶ presence ❷ award
❸ break ❹ briefing

（2） trash
❶ garbage ❷ sidewalk
❸ route ❹ direction

（3） expo
❶ market research ❷ trade fair
❸ ceremony ❹ parking

（4） road
❶ suburb ❷ avenue
❸ bureau ❹ charity

（5） work
❶ reminder ❷ contribution
❸ expectation ❹ task

（6） about
❶ on behalf of 〜 ❷ for the duration of 〜
❸ with regard to 〜 ❹ in recognition of 〜

（7） emphasize
❶ stress ❷ compete
❸ satisfy ❹ promise

解答

1 （ 1 ） ⑪ pleasure （→ p.168）

（ 2 ） ⑬ complimentary （→ p.149）

（ 3 ） ❸ analyze （→ p.184）

（ 4 ） ❷ statement （→ p.173）

（ 5 ） ⑩ additional （→ p.177）

（ 6 ） ❻ unexpectedly （→ p.152）

（ 7 ） ❾ donate （→ p.160）

（ 8 ） ⑮ endangered （→ p.172）

（ 9 ） ❹ participation （→ p.148）

（10） ❶ indicate （→ p.157）

（11） ⑭ previous （→ p.185）

（12） ⑯ currency （→ p.180）

（13） ⑫ formal （→ p.164）

（14） ❽ suggest （→ p.180）

（15） ❼ memorable （→ p.157）

（16） ❺ contact （→ p.177）

2 （ 1 ） ❸ break （→ p.185）

（ 2 ） ❶ garbage （→ p.176）

（ 3 ） ❷ trade fair （→ p.148）

（ 4 ） ❷ avenue （→ p.157）

（ 5 ） ❹ task （→ p.185）

（ 6 ） ❸ with regard to 〜 （→ p.156）

（ 7 ） ❶ stress （→ p.173）

求人・勤務

求人・勤務

1 就職説明会 会話

W: Good morning and welcome to the Annual Southern California ¹**Job Fair**. Is there anything I can help you with today?

M: Hi. Yes…. Um, I'm interested in exploring job ²**opportunities** within the ³**leisure** ⁴**industry**. Are those ⁵**businesses** all grouped somewhere in the ⁶**convention** center?

W: Well, the leisure industry here is ⁷**divided into** three sectors. ⁸**Hospitality** includes hotels, resorts, and other ⁹**lodging** facilities. Travel & Tourism covers travel ¹⁰**agencies**, airlines, and cruise lines. And…. Entertainment includes amusement parks and city festivals. Each sector is located in a different part of the convention center.

M: I see. How can I find them?

W: For the most ¹¹**up-to-date** information, I recommend using our ¹²**interactive** digital map on the job fair Web site. It's accessible ¹³**via** your smartphone. With this map, you can check the ¹⁴**descriptions** of each sector and company, and their locations. ¹⁵**However**, I can also ¹⁶**provide** you **with** a ¹⁷**pamphlet** which ¹⁸**lists** the industries and their location codes. Then when you're on your smartphone, you can use the codes to find the businesses on the online map.

W: 🇬🇧 M: 🇨🇦 (173 words)

W：おはようございます。年に一度の南カリフォルニア ¹就職フェアにようこそ。本日は何かお手伝いできることはありますか。

M：こんにちは。はい…。えっと，³レジャー ⁴業界での仕事の ²機会を探すことに興味があります。それらの ⁵企業は ⁶コンベンションセンターのどこかに全部集まっていますか。

W：そうですね，ここではレジャー業界は３つの部門 ⁷に分かれています。⁸ホスピタリティー部門はホテル，リゾート，その他の ⁹宿泊施設を含みます。旅行観光部門は，旅行 ¹⁰代理店，航空会社，クルーズ会社を取り扱います。そして，エンターテイメント部門は遊園地や市のお祭りを含みます。それぞれの部門はコンベンションセンターの異なる場所にあります。

M：なるほど。どうやって探せばいいでしょうか。

W：¹¹最新の情報については，就職フェアのウェブサイトにある ¹²双方向的なデジタルマップの利用をお勧めします。スマートフォン ¹³からアクセスできます。このマップでは，各部門や企業の ¹⁴説明と所在地を確認することが可能です。¹⁵しかし，業種と所在地コード ¹⁸を一覧表にした ¹⁷パンフレット ¹⁶をお渡しすることもできます。そうすることで，スマートフォン使用時にコードを使ってオンラインマップ上で企業を探すことができます。

1 ☐☐ **job fair**	就職フェア
2 ☐☐ **opportunity** [à(:)pərtjúːnəṭi]	名 機会 目 chance
3 ☐☐ **leisure** [líːʒər] ❶	名 レジャー
4 ☐☐ **industry** [índəstri] ❶	名 業界 形 industrial 産業の
5 ☐☐ **business** [bíznəs] ❶	名 企業；事業 目 company, firm
6 ☐☐ **convention** [kənvénʃən]	名 大会，集会
7 ☐☐ **divide _A_ into _B_**	A を B に分ける
8 ☐☐ **hospitality** [hà(:)spətǽləṭi]	名 顧客へのサービス，親切にもてなすこと
9 ☐☐ **lodging** [lá(:)dʒɪŋ]	名 宿，宿泊所 目 hotel, accommodation
10 ☐☐ **agency** [éɪdʒənsi]	名 代理店 ● travel agency 旅行代理店
11 ☐☐ **up-to-date** [ʌ̀ptədéɪt]	形 最新の ⇔ out-of-date 時代遅れの

12 ☐☐ **interactive** [ìntərǽktɪv]	形 双方向の 動 interact 交流する　名 interaction 交流
13 ☐☐ **via** [váɪə] ❶	前 ～の媒介で
14 ☐☐ **description** [dɪskrípʃən]	名 説明，記述 動 describe の特徴を述べる　形 descriptive 記述的な ● job description 職務記述書
15 ☐☐ **however** [haʊévər] ❶	副 しかしながら 冒 but ● 逆接を表し，後ろには前と反対の内容が続く
16 ☐☐ **provide A with B**	A に B を提供する ● provide B for A「A に B を提供する」と表すこともある
17 ☐☐ **pamphlet** [pǽmflət]	名 パンフレット 冒 brochure
18 ☐☐ **list** [líst]	動 を一覧表にする 名 一覧表 名 listing 表の記載事項

1

2 ゴルフクラブの求人広告 広告

Join Our Team at the Greens!

Lions Gardens Golf Club in Maple Valley is getting ready to begin our busy fall season, and we are seeking **¹enthusiastic** people to join our team temporarily. Each year, Lions Gardens welcomes hundreds of golfers looking for a **²premium** experience at Maple Valley's golf course, and we need help to ensure our services **³meet** their expectations. We are **⁴hiring** the following **⁵roles**:

Golf Course Staff: **⁶Positions** **⁷include** caddy assistants, golf instructors, and turf* maintenance technicians.

Clubhouse Staff: Positions include chefs and **⁸servers**.

⁹Administrative Staff: We have a position for an office assistant. A minimum of one year's experience in a **¹⁰similar** role is preferred.

Facilities Staff: Positions include **¹¹janitorial** staff, **¹²landscapers**, and equipment managers.

The employment period will begin on September 15 and **¹³conclude** on December 10. **¹⁴Successful** **¹⁵candidates** will have the chance to rent apartments at the **¹⁶charming** Oak Leaf Residences, **¹⁷located** nearby, at a reduced rate. High-performing employees will be considered for permanent positions at the end of the season.

If you are interested, visit our Web site to download and complete the employment **¹⁸application form**. Join us this fall and be a part of the Lions Gardens team!

🇬🇧 (197 words)

* turf　芝生

ゴルフコースのスタッフになりませんか！

メープルバレーの Lions Gardens ゴルフクラブでは，秋の繁忙期を迎えるにあたり，一時的にスタッフに加わっていただける [1]熱意のある方を募集しています。Lions Gardens は毎年，メープルバレーのゴルフコースで [2]最高の体験を求める何百人ものゴルファーをお迎えしており，私たちのサービスがお客さまのご期待 [3]に沿えるよう，お手伝いを必要としています。以下の [5]職務 [4]を雇用いたします：

ゴルフコーススタッフ：この [6]職はキャディーアシスタント，ゴルフインストラクター，芝生メンテナンス技術者 [7]を含みます。

クラブハウススタッフ：この職はシェフ，[8]給仕係を含みます。

[9]管理**スタッフ**：事務アシスタントを募集しています。[10]同様の業務に最低 1 年携わった経験のある方が好ましいです。

施設スタッフ：この職は [11]清掃スタッフ，[12]造園業者，設備管理者を含みます。

雇用期間は 9 月 15 日から始まり 12 月 10 日で [13]終わりとなります。[14]成功した [15]候補者には，近隣 [17]にある [16]魅力的な Oak Leaf 住宅のアパートを割引料金で借りるチャンスがあります。優秀なスタッフは，シーズン終了後に正社員登用が検討される予定です。

ご興味のある方は，当社のウェブサイトにアクセスし，雇用 [18]応募用紙をダウンロードしてご記入ください。この秋，Lions Gardens スタッフの一員になりませんか！

ゴルフクラブの求人広告

1 ☐☐ **enthusiastic** [ɪnθjúːziǽstɪk]	形 熱心な 名 enthusiasm 熱意　副 enthusiastically 熱心に
2 ☐☐ **premium** [príːmiəm] 🔈	形 上質の，上等な 名 保険料
3 ☐☐ **meet** [miːt]	動 に応じる，を満たす；に会う 名 meeting 会議
4 ☐☐ **hire** [háɪər]	動 を雇う ● hiring process 採用プロセス
5 ☐☐ **role** [roʊl]	名 役割，任務 ● take a ~ role ~な役割を担う
6 ☐☐ **position** [pəzíʃən]	名 職，勤め口；場所，位置 🟰 job
7 ☐☐ **include** [ɪnklúːd]	動 を含む 形 included 含まれた　前 including ~を含めて
8 ☐☐ **server** [sə́ːrvər]	名 給仕係，サーバー 動 serve に食事を出す 🟰 waiter
9 ☐☐ **administrative** [ədmínəstrèɪṭɪv]	形 管理の；行政の 名 administration 管理；行政 ● administrative department 管理部
10 ☐☐ **similar** [símələr]	形 同様の，よく似た 🔁 different 異なる
11 ☐☐ **janitorial** [dʒæ̀nətɔ́ːriəl]	形 清掃員の 名 janitor 管理人

12 □□ **landscaper** [lǽndskèipər]	名 造園家 名 landscape 風景, 景色
13 □□ **conclude** [kənklúːd]	動 終わる, 終了する 名 conclusion 結論, 決定　形 conclusive 最終的な
14 □□ **successful** [səksésfəl]	形 成功した 動 succeed 成功する　名 success 成功 副 successfully 首尾よく, うまく
15 □□ **candidate** [kǽndɪdèɪt] ❶	名 候補者
16 □□ **charming** [tʃɑ́ːrmɪŋ]	形 魅力的な 名 charm 魅力
17 □□ **locate** [lóʊkeɪt] ❶	動 (受身形で) 位置する；を突き止める 名 location 場所, 位置 ● conveniently located 便利な場所に位置する
18 □□ **application form**	応募用紙

求人・勤務

2

③ 求人の応募資料　履歴書

---

[1]Résumé — Frank Allen

[2]Objective:

I am **[3]seeking** a position as a salesperson in the tech industry where I can use my **[4]expertise** in computer hardware and software to help **[5]customers** and **[6]boost** sales.

[7]Professional Experience:

[8]Senior Sales Representative, TechConnect Inc. (current job, 4 years)

- **[9]Led** a sales team of computer hardware, increasing **[10]quarterly** sales by collaborating with the marketing team for successful product campaigns

Sales **[11]Associate**, Green-Techs Corporation (3 years)

- Focused on software sales and **[12]developed** strong client **[13]relationships**
- **[14]Achieved** a sales increase of 15% by offering tailored **[15]solutions**

Skills:

- Effective understanding of computer systems
- Strong communication and **[16]negotiation** skills

🇨🇦 (100 words)

[1]履歴書 — **Frank Allen**

[2]目的：
[5]顧客をサポートし，売り上げ[6]を伸ばすことにコンピューターのハードウェアとソフトウェアに関する[4]専門知識を活かせる，技術業界での販売員の職[3]を探しています。

[7]職歴：
TechConnect 社 [8]上級販売担当者（現職，4 年）
・コンピューターのハードウェアの販売チーム[9]を率い，マーケティングチームと協力して製品キャンペーンを成功させることで，[10]四半期ごとの売り上げを増加させました

Green-Techs 社販売[11]員（3 年）
・ソフトウェア販売に注力し，顧客との強い[13]関係[12]を築きました
・オーダーメイドの[15]解決策を提供し，15%の売り上げ増加[14]を達成しました

能力：
・コンピューターシステムの効果的な理解
・強いコミュニケーション能力と[16]交渉能力

求人の応募資料

1 ▢▢ **résumé** [rézəmèɪ]	**名** 履歴書
2 ▢▢ **objective** [əbdʒéktɪv] ❶	**名** 目的，目標　**形** 客観的な **副** objectively 客観的に **≣** purpose, goal
3 ▢▢ **seek** [si:k]	**動** を探し求める **≣** look for 〜
4 ▢▢ **expertise** [èkspə(:)rtí:z] ❶	**名** 専門知識 **名** expert 専門家
5 ▢▢ **customer** [kʌ́stəmər]	**名** 顧客
6 ▢▢ **boost** [bu:st]	**動** を増加させる **名** 増加，上昇
7 ▢▢ **professional** [prəféʃənəl]	**形** 職業的な；専門職の **名** profession 専門職，職業 **副** professionally 専門的に，職業的に
8 ▢▢ **senior** [sí:njər]	**形** 上級の　**名** 上役 ● senior position 上級職
9 ▢▢ **lead** [li:d]	**動** を率いる，を先導する　**名** 主導 **名** leader 先導者 **形** leading 一流の；主要な
10 ▢▢ **quarterly** [kwɔ́:rtərli]	**形** 四半期ごとの　**副** 四半期ごとに **名** quarter 4 分の 1 ● 4 カ月ごとに出版される「季刊誌」は quarterly magazine
11 ▢▢ **associate** [əsóuʃiət]	**名** 同僚，仲間　**動** を連想する ● 動詞の発音は [əsóuʃièɪt] ● sales associate 販売員，店員

12 ☐☐ **develop** [dɪvéləp] ❶	**動** を発展させる **名** development 開発；発展 **形** developed 先進の，developing 発展途上の
13 ☐☐ **relationship** [rɪléɪʃənʃɪp]	**名** 関係 **動** relate を関連させる ● customer relationship 顧客関係
14 ☐☐ **achieve** [ətʃíːv]	**動** を達成する **名** achievement 達成　**形** achievable 達成可能な
15 ☐☐ **solution** [səlúːʃən]	**名** 解決策；溶液 **動** solve を解決する
16 ☐☐ **negotiation** [nɪɡòʊʃiéɪʃən]	**名** 交渉 **動** negotiate 交渉する

3

4 推薦状 手紙

[1]**Letter of Reference**

[2]To Whom It May Concern,

I am writing to recommend Ms. Jane Smith for a position as an event planner or [3]**venue** manager. Ms. Smith demonstrated exceptional skills and commitment at Solski Events and [4]**evolved** from an assistant planner to a [5]**regional** manager.

Ms. Smith's footsteps at our firm were marked by [6]**steady** growth and success. From her early days as an assistant, she had the [7]**ability** to plan and carry out events with attention to detail. She quickly moved up through [8]**various** positions within our [9]**organization**. In her most recent role as regional manager, she [10]**successfully** achieved a remarkable 25 percent increase in [11]**profits**. This [12]**proves** her [13]**strategic** planning and [14]**management** [15]**capabilities**.

In addition to her professional abilities, Ms. Smith's communication skills have made her popular among both [16]**colleagues** and clients. Her decision to leave our company was [17]**solely** due to her wish to stay close to her family in Seattle, and this is a significant loss for us.

I can [18]**confidently** recommend Ms. Smith for any [19]**comparable** position. Her excellent ideas, operational expertise, and people skills will make her [20]**invaluable** at any organization.

Sincerely,

Gregory Solski
President, Solski Events

🇨🇦 (194 words)

¹推薦状

²ご担当者さまへ

私は，Jane Smith さんをイベントプランナーまたは ³会場マネージャーとして推薦するため手紙を書いております。Smith さんは Solski イベント会社で卓越したスキルと献身を発揮し，アシスタントプランナーから ⁵地域マネージャーへと ⁴発展しました。

Smith さんの当社での歩みは，⁶着実な成長と成功に彩られていました。アシスタントとして入社した当初から，細部にまで気を配りながらイベントを企画し実行する ⁷能力を備えていました。彼女は瞬く間に ⁹社内の ⁸さまざまな役職を経験しました。直近の役職である地域マネージャーにおいては，25％という驚異的な ¹¹利益の増加を ¹⁰うまく達成しました。これは彼女の ¹³戦略的プランニングと ¹⁴マネジメント ¹⁵能力 ¹²を証明するものです。

プロとしての能力に加え，Smith さんのコミュニケーションスキルは，¹⁶同僚とクライアントの双方から人気を博しています。彼女が当社を去ることを決めたのは ¹⁷単に，シアトルにいる家族の近くにいたいという本人の希望によるもので，当社にとっては大きな損失です。

私は，どんな ¹⁹同等のポジションにも Smith さんを ¹⁸自信を持って推薦できます。彼女の優れたアイデア，業務に関する専門知識，そして対人スキルは，どのような組織においても彼女を ²⁰かけがえのない存在にすることでしょう。

敬具

Gregory Solski
Solski イベント会社　社長

推薦状

1	
letter of reference	推薦状

2	
To whom it may concern	関係者各位

3	
venue [vénju:]	**名** 会場，開催地 〈for ～の〉

4	
evolve [ɪvá(ː)lv]	**動** 発展する 〈from ～から〉

5	
regional [ríːdʒənəl]	**形** 地域の **名** region 地域　**副** regionally 地域的に

6	
steady [stédi] 🔊	**形** 着実な；安定した ⇔ unstable 不安定な

7	
ability [əbíləti]	**名** 能力

8	
various [véəriəs] 🔊	**形** さまざまな **動** vary 変動する；異なる ⬛ different

9	
organization [ɔ̀ːrɡənəzéɪʃən]	**名** 組織，団体 **動** organize を組織する　**名** organizer 主催者

10	
successfully [səksésfəli]	**副** うまく，首尾よく **名** success 成功　**形** successful 成功した

11	
profit [prá(ː)fət]	**名** 利益　**動** 利益を得る 〈from ～から〉 **形** profitable 有益な

12 ☐☐ **prove** [pru:v] ❶	**動** を証明する；判明する **形** proven 証明された
13 ☐☐ **strategic** [strətí:dʒɪk] ❶	**形** 戦略的な **名** strategy 戦略
14 ☐☐ **management** [mǽnɪdʒmənt] ❶	**名** 管理 **動** manage を管理する **名** manager 管理者 ● the management で「経営陣」という意味を表す
15 ☐☐ **capability** [kèɪpəbíləṭi]	**名** 能力 **形** capable 能力がある
16 ☐☐ **colleague** [kɑ́(:)li:g] ❶	**名** 同僚 ▤ coworker, associate
17 ☐☐ **solely** [sóʊlli]	**副** 単に **形** sole 唯一の
18 ☐☐ **confidently** [kɑ́(:)nfɪdəntli] ❶	**副** 自信を持って **名** confidence 自信 **形** confident 自信に満ちた
19 ☐☐ **comparable** [kɑ́(:)mpərəbl] ❶	**形** 匹敵する〈to ～に〉
20 ☐☐ **invaluable** [ɪnvǽljuəbl]	**形** 非常に貴重な

求人・勤務

4

5 求人への応募と採用 電話のメッセージ

Hello, this is Grace Kapor, the [1]**human resources** [2]**manager** at Cedar Springs Holiday Resort. I [3]**am pleased to** inform you that you've been selected for the position of [4]**receptionist** from among many [5]**applicants**. Congratulations!

Please [6]**respond to** this message as soon as possible to [7]**formally** [8]**accept** the position. After that, I will [9]**mail** you some documents required for the employment, such as the employment contract and benefits paperwork.

As we discussed during your interview, you're expected to begin work on July 9. You are required to live in the staff accommodation on-site. We'll arrange and cover the cost of shipping your [10]**personal** belongings to the resort.

Additionally, we [11]**aim to** have your uniform ready [12]**prior to** your [13]**arrival**. To facilitate this, we'll send you an e-mail with an order form attached. Please [14]**fill out** this form and send it to our uniform tailor. The preparation of the uniform [15]**typically** takes a couple of weeks.

Please keep all [16]**receipts** for your travel costs. These will be reimbursed upon [17]**submission** to the general affairs department at the resort.

I'm looking forward to your calling me back.

🇺🇸 (184 words)

こんにちは，Cedar Springs リゾートホテルの ¹<u>人事</u> ²<u>部長</u>の Grace Kapor です。このたび，あなたが多くの ⁵<u>応募者</u>の中から ⁴<u>受付係</u>に選ばれましたことをお伝え ³<u>できうれしく思います</u>。おめでとうございます！

⁷<u>正式</u>にこの役職 ⁸<u>を受諾</u>するためには，できるだけ早くこのメッセージ ⁶<u>に返答して</u>ください。その後，雇用契約書や福利厚生の書類など，雇用に必要ないくつかの書類 ⁹<u>を郵送いたします</u>。

面接時にお話しした通り，7 月 9 日から勤務を開始していただきます。現地にあるスタッフ用の宿泊施設に住む必要がございます。ホテルへの ¹⁰<u>私物</u>の輸送はこちらで手配し，費用を負担します。

また，あなたの ¹³<u>到着</u> ¹²<u>前</u>に制服を準備 ¹¹<u>することを目標としています</u>。これを円滑に進めるため，注文用紙を添付した E メールをお送りいたします。この用紙に必要事項 ¹⁴<u>をご記入</u>の上，制服仕立て担当までお送りください。制服の準備には ¹⁵<u>通常</u> 2, 3 週間かかります。

交通費の ¹⁶<u>領収書</u>はすべて保管しておいてください。ホテルの総務課に ¹⁷<u>ご提出</u>いただければ精算いたします。

お電話をお待ちしております。

求人への応募と採用

1 ☐☐ **human resources**	人事 📖 personnel
2 ☐☐ **manager** [mǽnɪdʒər] ❶	名 部長，マネージャー 動 manage を管理する　名 management 管理；経営陣
3 ☐☐ **be pleased to _do_**	～してうれしい
4 ☐☐ **receptionist** [rɪsépʃənɪst]	名 受付係 名 reception 受付
5 ☐☐ **applicant** [ǽplɪkənt] ❶	名 応募者 動 apply 応募する　名 application 応募
6 ☐☐ **respond to ～**	～に返答する 📖 reply to ～
7 ☐☐ **formally** [fɔ́ːrməli]	副 正式に
8 ☐☐ **accept** [əksépt]	動 を受諾する；を受け入れる 名 acceptance 受け入れ，受諾 形 acceptable 許容できる
9 ☐☐ **mail** [meɪl]	動 を郵送する 名 郵便；郵便物 ● e-mail「Eメールを送る」と区別する
10 ☐☐ **personal** [pə́ːrsənəl]	形 個人の 名 person 人　副 personally 個人的に
11 ☐☐ **aim to _do_**	～することを目指す

12 ☐☐ **prior to ~** [əráɪvəl]	～より前に 🔁 before
13 ☐☐ **arrival** [əráɪvəl]	**名** 到着 **動** arrive 到着する
14 ☐☐ **fill out**	～を記入する 🔁 fill in ～ ● fill out a form 用紙に記入する
15 ☐☐ **typically** [típɪkəli]	**副** 普通は；概して；典型的に **形** typical 典型的な
16 ☐☐ **receipt** [rɪsíːt] ❗	**名** 領収書 **動** receive を受け取る
17 ☐☐ **submission** [səbmíʃən]	**名** 提出 **動** submit を提出する

求人・勤務

5

6 入社手続き Eメール

To: Chris Steinbacher　From: Jayar Burton
Subject: Welcome to Our Team
Attachment: ¹**onboarding** form, uniform

Dear Chris,

I am pleased to welcome you to our team as a ²**mechanic** at Fullerton Bus Lines. To ensure a smooth start, carefully follow the onboarding procedures ³**outlined** in this e-mail.

You need to fill out the ⁴**attached** onboarding form with your personal and professional details. Please give special ⁵**attention** to the section ⁶**regarding** uniform sizes.

Uniforms are mandatory and will be ⁷**distributed** to new employees during the orientation session on April 1. Another attachment includes information about uniform sizes. Please review it to ⁸**determine** the size that best ⁹**fits** you and indicate this on your onboarding form. Note that you are required to provide your own safety ¹⁰**footwear** with steel toes. Without them, you cannot enter the facility ¹¹**even** during the orientation. Gloves, filtered masks, and ¹²**goggles** will be ¹³**supplied** by the company.

You will receive your employment contract on the first day of orientation. Please take it home, review it, ¹⁴**sign** it, and return it by April 2.

We ¹⁵**look forward to** having you as our team member. If you have any questions, ¹⁶**feel free to** contact me.

Best regards,

Jayar Burton — Facility Manager, Fullerton Bus Lines

🇦🇺 (205 words)

受信者：Chris Steinbacher　送信者：Jayar Burton
件名：当社へようこそ
添付書類：¹入社用紙，制服

Chris さま

このたび，Fullerton バスの²整備士として，あなたをチームに迎え入れることをうれしく思います。順調なスタートを切るために，この E メール³に記載されている入社手続きに注意深く従ってください。

⁴添付された入社用紙に，あなたの個人情報および職務上の情報を記入してください。特に，制服のサイズ⁶に関する項目に⁵注意してください。

制服は必須であり，４月１日のオリエンテーションで新入社員に⁷配布されます。もう１つの添付ファイルには，制服のサイズに関する情報が記載されています。最も自分⁹に合ったサイズ⁸を決定するためにそちらを確認し，サイズを入社用紙にてお知らせください。つま先が鋼鉄製の安全¹⁰靴は各自でご用意いただくということをご了承ください。これがないと，オリエンテーション中¹¹であっても施設に入ることができません。手袋，フィルター付きマスク，そして¹²ゴーグルは会社から¹³支給される予定です。

オリエンテーション初日に雇用契約書をお渡しします。ご自宅に持ち帰り，確認後，¹⁴署名した上で，４月２日までにお返しください。

社員としてあなたを迎えること¹⁵を楽しみにしています。質問がありましたら，¹⁶お気軽にご連絡ください。

よろしくお願いします。

Fullerton バス　運営管理者　Jayar Burton

入社手続き

1 ☐☐ **onboarding** [á(ː)nbɔ̀ːrdɪŋ]	名 入社の準備をすること
2 ☐☐ **mechanic** [mɪkǽnɪk] ●	名 整備士 名 machine 機械　形 mechanical 機械の 副 mechanically 機械で
3 ☐☐ **outline** [áʊtlàɪn] ●	動 の要点を述べる 名 概略；輪郭
4 ☐☐ **attached** [ətǽtʃt]	形 添付された 動 attach を添付する　名 attachment 添付書類
5 ☐☐ **attention** [əténʃən]	名 注意，注目 形 attentive 注意深い ● pay attention to ~ ~に注意する
6 ☐☐ **regarding** [rɪɡáːrdɪŋ]	前 ~に関して ≒ about
7 ☐☐ **distribute** [dɪstríbjət] ●	動 を配布する 名 distribution 分配　形 distributive 分配の ● distribute A to B A を B に配布する
8 ☐☐ **determine** [dɪtə́ːrmɪn] ●	動 を決定する，を確定する 名 determination 決意，決心 ● determine to do ~することを決意する
9 ☐☐ **fit** [fɪt]	動 に（大きさ・型が）合う 形 ぴったりの，ふさわしい
10 ☐☐ **footwear** [fʊ́twèər]	名 履物
11 ☐☐ **even** [íːvən]	副 ~でさえ

12 ☐☐ **goggle** [gá(:)gl]	名 (通例 -s) ゴーグル
13 ☐☐ **supply** [səplái] ❶	動 を支給する　名 supplier 供給業者 ● supply *A* with *B*, または supply *B* to [for] *A* で「A に B を支給する」
14 ☐☐ **sign** [saɪn]	動 に署名する 名 看板；掲示
15 ☐☐ **look forward to ～**	～を楽しみにする
16 ☐☐ **feel free to *do***	自由に～する

6

7 インターンシップの業務説明 説明

I would like to quickly go over the details of the company to help you get ready for your upcoming internship. We will discuss the [1]**general** [2]**requirements** for your time here, [3]**as well as** the specifics of how to [4]**keep track of** tasks you [5]**are supposed to** do and how to [6]**report** them.

First, all [7]**interns** [8]**are scheduled to** work from 9 A.M. to 6 P.M. It is recommended to be seated and get [9]**settled** before beginning so that you can start work smoothly. We do require a [10]**dress code**, so make sure to dress in [11]**accordance**.

After arrival, all interns must [12]**report to** the front desk to sign in. You will receive an [13]**agenda** listing the work to do for the day. Use this to keep a record of your work as well as to write down anything you are [14]**struggling with**. At the [15]**regular** evening meeting, you will get [16]**feedback** on what you did well and what needs [17]**improvement**.

This information is [18]**essential** to make sure you do not have any trouble while interning at our company. I hope that you all now feel [19]**prepared**. Please let me know if there are any questions.

🇬🇧 (196 words)

これから始まるインターンシップの準備に役立つように，会社の詳細を素早く説明したいと思います。ここでは，インターン期間中の¹一般的な²要件³はもちろん，実施⁵予定の業務をどのように⁴管理し，どのようにそれ⁶を報告するかという具体的な内容についても説明します。

まず，すべての⁷インターン生は午前9時から午後6時まで働くこと⁸になっています。円滑に仕事を進められるように，開始前に着席し⁹落ち着く時間を作ることをお勧めします。¹⁰服装規定がありますので，必ずそれに¹¹従った服装でお越しください。

到着後，インターン生は全員，出勤を記録するため受付¹²に向かってください。当日の作業内容を記載した¹³予定表をお渡しします。これを使って仕事の記録を付けるだけでなく，¹⁴苦戦していることも記入してください。夕方の¹⁵定例会議では，自分の良かった点，¹⁷改善が必要な点についての¹⁶フィードバックを受けます。

この情報は，当社でのインターン中に困らないようにするために¹⁸必要不可欠なものです。今や皆さん全員が¹⁹準備万端であると感じていることを願っています。何か質問があればお知らせください。

7

強調の do

第2段落3文目の do require の do は，強調の do と呼ばれるものです。「ぜひとも，どうしても，必要だ」と言っているわけですね。この do は助動詞ですから，後ろの require は動詞の原形です。主語が三人称単数であれば do が does になり，時制が過去であれば did となることに注意しましょう。

1 ☐☐ **general** [dʒénərəl]	形 一般的な；概略の；全体的な 副 generally 一般的に；広く
2 ☐☐ **requirement** [rɪkwáɪərmənt]	名 要件，必要条件 動 require を必要とする；を要求する
3 ☐☐ **A as well as B**	A だけでなく B も
4 ☐☐ **keep track of ～**	～の経過を追う
5 ☐☐ **be supposed to do**	～することになっている
6 ☐☐ **report** [rɪpɔ́ːrt]	動 を報告する 名 報告書，レポート 名 reporter レポーター；報告者
7 ☐☐ **intern** [íntɜ̀ːrn] ❶	名 インターン，研修生 名 internship インターンシップ，実習訓練
8 ☐☐ **be scheduled to do**	～する予定である ● cf. be scheduled for ～ （日時）に予定されている ● schedule のイギリス英語の発音は [ʃédjuːl]
9 ☐☐ **settled** [sétld]	形 落ち着いた；くつろいだ 動 settle を置く，を落ち着かせる
10 ☐☐ **dress code**	服装規定
11 ☐☐ **accordance** [əkɔ́ːrdəns]	名 一致，合致 動 accord 一致する

12 □□ **report to ～**	～に出向く ● report to work 出社する
13 □□ **agenda** [ədʒéndə]	**名**（業務の）予定表；協議事項
14 □□ **struggle with ～**	～に取り組む，～と戦う
15 □□ **regular** [régjʊlər]	**形** 定期的な，規則正しい **名** regularity 規則正しさ　**副** regularly 定期的に；頻繁に
16 □□ **feedback** [fíːdbæk]	**名** フィードバック，感想，意見 ● customer feedback 顧客フィードバック
17 □□ **improvement** [ɪmprúːvmənt]	**名** 改善，改良 **動** improve を改善する；良くなる
18 □□ **essential** [ɪsénʃəl]	**形** 必要不可欠な；本質的な **名** essence 本質　**副** essentially 本質的に
19 □□ **prepared** [prɪpéərd]	**形** 用意ができた；覚悟ができた **動** prepare を準備する　**名** preparation 準備すること

求人・勤務

7

求人・勤務

8 社内異動と役職変更 Eメール

To: All staff　From: Freda Dalton
Subject: New ¹**Branch** Office ²**Opening** in Miami — Management and Staff Opportunities

Dear All,

I ³**am thrilled to** announce the upcoming opening of our new branch office in Miami. This ⁴**marks** a significant ⁵**milestone** in the company's growth.

We have ⁶**appointed** Clair Renslayer **as** the manager of the Miami branch. Clair's relocation to Miami means her current position in New York will become ⁷**vacant**. Therefore, anyone who is ⁸**interested** in the manager role in New York is encouraged to ⁹**apply for** it. You may apply ¹⁰**in writing** by e-mailing me.

Additionally, ¹¹**several** key positions in the Miami office ¹²**have yet to** be filled. These include: Creative Director, Account Manager, Marketing Strategist, Digital Media ¹³**Specialist**, and ¹⁴**Graphic** Designer.

We are looking for ¹⁵**individuals** with relevant experience in these roles. If these positions are not filled by our current ¹⁶**workforce** by the end of next week, we will extend our ¹⁷**search** outside the company. ¹⁸**Furthermore**, if you know someone outside the company who would suit any of these roles, please recommend them in writing to Ms. Renslayer and me.

Thank you for your continued dedication and support.

Best regards,

Freda Dalton — CEO, Salinger Advertising Agency

🇺🇸 (198 words)

受信者：全従業員の皆さん　送信者：Freda Dalton
件名：マイアミに新 ¹支社 ²開店—管理職およびスタッフ募集

従業員の皆さん

このたび私は，マイアミの新支社の来たる開店を報告 ³することにわくわくしています。これは会社の成長における非常に ⁵重要な段階 ⁴を示します。

Clair Renslayer をマイアミ支社の支店長 ⁶に任命しました。Clair がマイアミに異動することで，ニューヨークでの彼女の役職は ⁷欠員となります。つきましては，ニューヨーク支店長の職に ⁸興味のある方は誰でも，それ ⁹に応募することを奨励されています。私宛ての E メールを用いて ¹⁰書面にてご応募ください。

また，マイアミ支社の ¹¹いくつかの重要な役職は ¹²まだ埋まっていません。これらには以下が含まれます：クリエイティブディレクター，顧客担当者，マーケティング戦略家，デジタルメディア ¹³専門家，そして ¹⁴グラフィックデザイナーです。

これらの職務に関連する経験をお持ちの ¹⁵方を探しています。来週末までに現在の ¹⁶従業員でこれらの役職が埋まらない場合は，¹⁷募集を社外に拡大する予定です。¹⁸さらに，社外にこれらの職務のどれかにふさわしいであろう人物をご存知の方は，Renslayer さんと私に書面で推薦してください。

継続的な献身とサポートに感謝いたします。

よろしくお願いいたします。

Salinger 広告代理店　最高経営責任者　Freda Dalton

1 ☐☐ **branch** [bræntʃ]	**名** 支社，支店；部門
2 ☐☐ **opening** [óʊpənɪŋ]	**名** 開店；初日，始まり **形** 開始の，開会の **動 形** open を開ける；開いている
3 ☐☐ **be thrilled to** *do*	〜することにわくわくしている
4 ☐☐ **mark** [mɑːrk]	**動** を示す，を表す **名** 目印；記号 **形** marked 著しい　**副** markedly 著しく
5 ☐☐ **milestone** [máɪlstòʊn]	**名** 重要な段階
6 ☐☐ **appoint** *A* **as** *B*	A を B に任命する
7 ☐☐ **vacant** [véɪkənt] ❶	**形** 欠員になっている；空いている **名** vacancy 欠員；空き地 ● vacant position 欠員
8 ☐☐ **interested** [íntərəstɪd]	**形** 興味を持った **動 名** interest に興味を持たせる；興味，関心 **副** interestedly 興味を持って
9 ☐☐ **apply for 〜**	〜に応募する ● apply to 〜は「〜に適用される」という意味
10 ☐☐ **in writing**	書面で，文書で
11 ☐☐ **several** [sévrəl]	**形** いくつかの **=** some

12 □□ **have yet to _do_**	まだ〜していない
13 □□ **specialist** [spéʃəlɪst] ❶	名 専門家 動 specialize 専門にする
14 □□ **graphic** [grǽfɪk]	形 グラフィックアートの 名 グラフィック，図形
15 □□ **individual** [ìndɪvídʒuəl] ❶	名 個人 形 個人の 副 individually それぞれ，個々に
16 □□ **workforce** [wə́ːrkfɔ̀ːrs] ❶	名 全従業員
17 □□ **search** [səːrtʃ] ❶	名 捜索；調査 動 を探す
18 □□ **furthermore** [fə́ːrðərmɔ̀ːr]	副 さらに 🔁 moreover

求人・勤務

8

求人・勤務

⑨ リモートワーク 説明

Good morning, everyone. Thanks for coming to this special meeting. I have some important **¹updates** for all staff. Starting next month, we're making a big **²change** — you'll be allowed to work from home. **³In fact**, we'll be **⁴asking** you **to** do so. We're moving our office to a new, smaller location to **⁵save** on rent and other **⁶operating costs**. **⁷Due to** this, you won't have personal desks anymore. It also means that you can't leave your personal items in the office.

This arrangement does not mean you'll be able to work whenever you like. Working hours will remain unchanged, and staff are expected to be available between 9:00 A.M. and 5:00 P.M. on **⁸weekdays**. Next Friday, we'll be issuing each of you a laptop. It's equipped with **⁹remote** working and **¹⁰security** software. You must not install additional software without management's **¹¹approval**.

Since our new office won't be big enough for in-person meetings, we'll **¹²rent** rooms elsewhere **¹³as needed**. We'll send you the address in advance. We'll do **¹⁴monthly** performance **¹⁵reviews** and one-on-one meetings with your managers in the office.

If you're worried about your home Internet connection, please talk to our IT department. Also, if anyone would **¹⁶prefer** to work at the office, let management know. We'll try our best to meet your request.

Now, does anyone need me to **¹⁷clarify** anything about the new **¹⁸situation**?

🇬🇧 (226 words)

皆さん，おはようございます。この特別な会議へのご参加ありがとうございます。スタッフの全員にいくつかの重要な¹最新情報があります。来月から大きな²変化があります。皆さんは在宅勤務が許可されます。³実際，皆さんにそうする⁴ようにお願いするつもりです。家賃やその他の⁶運営費⁵節約するため，オフィスを新しく，より狭い場所に移転します。その⁷ため，個人用の机はもうなくなります。また，オフィスに私物を置くこともできないことを意味します。

この計画は，好きなときにいつでも仕事ができるという意味ではありません。勤務時間に変更はなく，スタッフは⁸平日の午前９時から午後５時までの間に仕事をすることになります。来週の金曜日には，皆さんそれぞれにノートパソコンを支給します。これには⁹リモートワークと¹⁰セキュリティー用ソフトが備わっています。経営陣の¹¹許可なしに追加のソフトをインストールしてはいけません。

新しいオフィスは，対面での会議をするのに十分な広さではないので，¹³必要に応じてどこかに部屋¹²借ります。住所は事前にご連絡します。¹⁴月１回の業績¹⁵評価と，マネージャーとの１対１のミーティングはオフィスで行います。

自宅のインターネット接続が心配な方は，IT部門にご相談ください。また，オフィスでの勤務¹⁶をご希望の方がいましたら，経営陣にお伝えください。ご要望に沿えるように最善を尽くします。

さて，新しい¹⁸状況について何か私に¹⁷明確にしてほしい人はいますか。

1 ☐☐ **update** [ʌ́pdèɪt] ❶	名 最新情報　動 を最新のものにする ● 動詞の発音は [ʌ̀pdéɪt] ● 天候や交通の最新情報を伝える場面でよく使われる
2 ☐☐ **change** [tʃéɪndʒ]	名 変化 動 を変える 形 changeable 変わりやすい
3 ☐☐ **in fact**	実際は
4 ☐☐ **ask _A_ to _do_**	A に〜するよう頼む
5 ☐☐ **save** [séɪv]	動 を節約する；を救う 名 savings 蓄え, 貯金 ● save time 時間を節約する, save money お金を節約する
6 ☐☐ **operating cost**	運営費
7 ☐☐ **due to 〜**	〜が原因で，〜のために ❙ owing to 〜
8 ☐☐ **weekday** [wíːkdèɪ]	名 平日 ● cf. weekend 週末
9 ☐☐ **remote** [rɪmóʊt]	形 リモートの；遠方の 副 remotely 遠く離れて ● remote work リモートワーク
10 ☐☐ **security** [sɪkjúərəṭi]	名 セキュリティー；安全 動 形 secure を守る；安全な　副 securely 安全に ● security procedure 安全手続き
11 ☐☐ **approval** [əprúːvəl]	名 許可，承認 動 approve を承認する ⬌ disapproval 不承認

12 ☐☐ **rent** [rent]	**動** を賃借りする；を賃貸しする **名** 賃料 ● 「貸す」「借りる」どちらの意味かは文脈によって判断する
13 ☐☐ **as needed**	必要に応じて
14 ☐☐ **monthly** [mʌ́nθli]	**形** 月1回の，毎月の **副** 月1回，毎月 **名** month ひと月
15 ☐☐ **review** [rɪvjúː] ❶	**名** 批評；再検討 **動** を検討する；を批評する **名** reviewer 批評する人
16 ☐☐ **prefer** [prɪfə́ːr] ❶	**動** の方を好む
17 ☐☐ **clarify** [klǽrəfàɪ]	**動** を明らかにする **名** clarification 明確化
18 ☐☐ **situation** [sìtʃuéɪʃən]	**名** 状況

9

10 フレックスタイム制 [会話]

M: I have an important announcement regarding our work schedule. Starting next month, we're shifting to ¹**flexible working hours**. You'll be allowed to decide your hours during the ²**workweek**. However, to maintain customer service standards, we'll ³**still** need a minimum number of staff each day at ⁴**certain** times. So, ⁵**occasionally** you might still have to come in at an assigned time.

W1: This is ⁶**huge** news. Will there be an option for remote work?

M: Yes, you can work remotely once a week. But remember, this needs to be planned and approved by your ⁷**supervisor** in advance. We want to ensure team ⁸**coordination** and effective communication.

W2: Will this shift to flexible working hours ⁹**affect** our pay in any way?

M: No, your annual ¹⁰**salary** will remain the same.

W2: I see. And is this arrangement ¹¹**permanent**?

M: For now, this is a trial period. We'll ¹²**monitor** ¹³**productivity** and other ¹⁴**factors** ¹⁵**closely** during this ¹⁶**period**. If we see any significant issues, we may go back to our traditional 9 to 5 schedule and restrict remote work. Oh, and by the way, for anyone interested, our new system might allow you to work on weekends, too, depending on the project.

M: 🇨🇦 W1: 🇺🇸 W2: 🇬🇧 (192 words)

M : 我々の仕事のスケジュールについて重要なお知らせがあります。来月から¹**フレックスタイム制**に移行します。²**週の労働日数**の中での自分の勤務時間を決められるようになります。しかし，顧客サービスの水準を維持するためには，³**依然として**，毎日⁴**決まった**時間に最低人数のスタッフが必要です。そのため，依然，⁵**時々**決められた時間に出社しなければならないこともあるかもしれません。

W1 : これは⁶**大きな**ニュースですね。リモートワークの選択肢はありますか。

M : はい，週に1回リモートワークが可能です。ただし覚えておいてほしいのは，事前に計画を立てて，⁷**上司**の承認を得る必要があります。チームの⁸**連携**と効果的なコミュニケーションを確保したいのです。

W2 : フレックスタイム制への移行は何らかの形で給与⁹**に影響します**か。

M : いいえ，年¹⁰**収**は変わりません。

W2 : なるほど。ではこの取り決めは¹¹**ずっと続く**のですか。

M : 今は試用期間中です。この¹⁶**期間中**，¹⁵**注意深く**¹³**生産性**やその他の¹⁴**要素**¹²**を観察**します。もし何か重大な問題があれば，従来の9時から5時までのスケジュールに戻し，リモートワークを制限するかもしれません。ああ，ところで，興味のある人は，新しいシステムではプロジェクトに応じて週末も働くことができるかもしれません。

フレックスタイム制

1 ☐☐ **flexible working hours**	フレックスタイム制
2 ☐☐ **workweek** [wə́ːrkwìːk] ❶	名 1 週間の労働日数
3 ☐☐ **still** [stɪl]	副 依然として，まだ 形 じっとした，動かない；風のない
4 ☐☐ **certain** [sə́ːrtən]	形 特定の；確信している〈about ～を〉 副 certainly 確かに　名 certainty 確かなもの
5 ☐☐ **occasionally** [əkéɪʒənəli]	副 時々 名 occasion 時，場合；出来事　形 occasional 時々の
6 ☐☐ **huge** [hjuːdʒ]	形 巨大な，非常な ⇔ tiny とても小さな
7 ☐☐ **supervisor** [súːpərvàɪzər]	名 監督者，管理者 動 supervise を監督する，を管理する
8 ☐☐ **coordination** [kouɔ̀ːrdɪnéɪʃən]	名 協調，調整 動 coordinate を調整する 名 coordinator コーディネーター，まとめ役
9 ☐☐ **affect** [əfékt]	動 に影響する ≒ influence, have an effect on ～
10 ☐☐ **salary** [sǽləri]	名 給料
11 ☐☐ **permanent** [pə́ːrmənənt]	形 永続的な；終身の；常設の ≒ external ● permanent position 終身雇用の職

12 ☐☐ **monitor** [má(:)nəṭər]	**動** を監視する **名** モニター
13 ☐☐ **productivity** [pròudʌktívəṭi]	**名** 生産性 **動 名** produce を生産する；農産物 **形** productive 生産的な
14 ☐☐ **factor** [fǽktər]	**名** 要素，要因
15 ☐☐ **closely** [klóusli] ❶	**副** 注意深く，綿密に **動 名 形** close を閉める；終わり；近い
16 ☐☐ **period** [píəriəd]	**名** 期間，時期 **名 形** periodical 定期刊行物；定期刊行の **副** periodically 定期的に

10

求人・勤務
確認テスト

（解答：p.232）

■ 次の日本語の意味の単語を下の❶ 〜 ⓰の中から選びなさい。

（1） 要件　　　　　　　　　　　（　　　　　　　　　　　　　）

（2） リモートの　　　　　　　　（　　　　　　　　　　　　　）

（3） 生産性　　　　　　　　　　（　　　　　　　　　　　　　）

（4） 双方向の　　　　　　　　　（　　　　　　　　　　　　　）

（5） を支給する　　　　　　　　（　　　　　　　　　　　　　）

（6） 監督者　　　　　　　　　　（　　　　　　　　　　　　　）

（7） 欠員になっている　　　　　（　　　　　　　　　　　　　）

（8） 最新情報　　　　　　　　　（　　　　　　　　　　　　　）

（9） 定期的な　　　　　　　　　（　　　　　　　　　　　　　）

（10） 応募者　　　　　　　　　　（　　　　　　　　　　　　　）

（11） を含む　　　　　　　　　　（　　　　　　　　　　　　　）

（12） 着実な　　　　　　　　　　（　　　　　　　　　　　　　）

（13） 正式に　　　　　　　　　　（　　　　　　　　　　　　　）

（14） 同僚　　　　　　　　　　　（　　　　　　　　　　　　　）

（15） 職業的な　　　　　　　　　（　　　　　　　　　　　　　）

（16） を配布する　　　　　　　　（　　　　　　　　　　　　　）

❶ steady	❷ applicant	❸ supervisor	❹ distribute
❺ requirement	❻ update	❼ interactive	❽ productivity
❾ colleague	❿ professional	⓫ supply	⓬ remote
⓭ include	⓮ formally	⓯ regular	⓰ vacant

2 次の単熟語の意味に最も近いものをそれぞれ ❶ 〜 ❹ の中から 1 つ選びなさい。

（1）some
❶ similar
❷ prepared
❸ settled
❹ several

（2）job
❶ position
❷ workforce
❸ organization
❹ intern

（3）reply to 〜
❶ clarify
❷ meet
❸ respond to 〜
❹ keep track of 〜

（4）brochure
❶ milestone
❷ branch
❸ accordance
❹ pamphlet

（5）influence
❶ fit
❷ accept
❸ struggle with 〜
❹ affect

（6）different
❶ certain
❷ general
❸ various
❹ essential

（7）look for〜
❶ lead
❷ report to 〜
❸ hire
❹ seek

（8）owing to 〜
❶ prior to 〜
❷ due to 〜
❸ regarding
❹ via

求人・勤務

確認テスト

解答

1 （1） ❺ requirement （→ p.216）

（3） ❽ productivity （→ p.229）

（5） ⓫ supply （→ p.213）

（7） ⓰ vacant （→ p.220）

（9） ⓯ regular （→ p.217）

（11） ⓭ include （→ p.196）

（13） ⓮ formally （→ p.208）

（15） ❿ professional （→ p.200）

（2） ⓬ remote （→ p.224）

（4） ❼ interactive （→ p.193）

（6） ❸ supervisor （→ p.228）

（8） ❻ update （→ p.224）

（10） ❷ applicant （→ p.208）

（12） ❶ steady （→ p.204）

（14） ❾ colleague （→ p.205）

（16） ❹ distribute （→ p.212）

2 （1） ❹ several （→ p.220）

（2） ❶ position （→ p.196）

（3） ❸ respond to ～ （→ p.208）

（4） ❹ pamphlet （→ p.193）

（5） ❹ affect （→ p.228）

（6） ❸ various （→ p.204）

（7） ❹ seek （→ p.200）

（8） ❷ due to ～ （→ p.224）

メディア・宣伝・アナウンス

1 ドキュメンタリー番組の宣伝 放送

This Sunday, January 19, ¹**tune in to** Channel 7 at 8:00 P.M. for the broadcasting of *Pixel Pioneers: The Video Game Revolution*, a one-hour ²**documentary** exploring the ³**fascinating** history of video games. *Pixel Pioneers* has ⁴**earned** several ⁵**domestic** and international awards. The documentary is ⁶**narrated** by Tim Dudley, the famous winner of the *JumpFrog* video game world championship.

Join Tim as he presents exclusive ⁷**interviews** with highly respected ⁸**figures** in video game ⁹**development**. The interviews will include Mark Jensen, creator of *Galaxy Questers*, and Elena Rodriguez, the creative ¹⁰**genius** behind the much-loved *Shadow Raiders* series.

¹¹**Discover** the stories behind the games that ¹²**shaped** our ¹³**youth**. From the earliest classics to today's social network games, *Pixel Pioneers* will provide you with an exciting ¹⁴**summary** of gaming history. Don't ¹⁵**miss out**!

And guess what, listeners? Tim is here live in the studio joining us for an interview. Get ready to hear all the ¹⁶**latest** details about *Pixel Pioneers* from the narrator himself! We'll ask how his life changed from being a video game nerd* to ¹⁷**starring** in a major production. Coming up next, the ¹⁸**talented** Tim Dudley with his ¹⁹**compelling** life story, right after this short break!

（195 words）

* nerd　オタク

今週日曜日，1 月 19 日午後 8 時，チャンネル 7 ¹にチャンネルを合わせてください，ビデオゲームの ³魅力的な歴史を探る 1 時間の ²ドキュメンタリー番組である『ピクセル先駆者：ビデオゲーム革命』を放送します。『ピクセル先駆者』は ⁵国内外で数々の賞 ⁴を受賞しています。このドキュメンタリー ⁶のナレーションを務めるのは，『ジャンプフロッグ』ビデオゲーム世界選手権で優勝したことで有名な Tim Dudley です。

ビデオゲーム ⁹開発において高く評価されている ⁸人物への独占 ⁷インタビューを Tim がお届けしますので，ぜひご一緒にお楽しみください。そのインタビューには『銀河探究者』の生みの親である Mark Jensen や，多くの人に愛される『影の侵入者』シリーズを作ったクリエイティブな ¹⁰天才，Elena Rodriguez などが含まれます。

私たちの ¹³青春時代 ¹²を形作ったゲームの裏話 ¹¹を発見してください。初期の名作から今日のソーシャルネットワークゲームまで，『ピクセル先駆者』はわくわくするゲームの歴史の ¹⁴概略を提供してくれるでしょう。¹⁵お見逃しなく！

そして，リスナーの皆さん，聞いてください。Tim がスタジオに生出演し，インタビューに答えてくれます。『ピクセル先駆者』の全 ¹⁶最新情報を，ナレーターである Tim 本人から聞く準備はいいですか！ 彼がビデオゲームオタクから大作に ¹⁷主演するまでに，彼の人生がどのように変化していったのかをお聞きします。続いては，¹⁸才能あふれる Tim Dudley の ¹⁹魅力的な人生について，この短い休憩の後すぐです！

ドキュメンタリー番組の宣伝

1 ☐☐ **tune in to ～** 	～にチャンネルを合わせる
2 ☐☐ **documentary** [dà(:)kjuméntəri]	名 ドキュメンタリー　形 文書の，書類の 動 名 document を記録する；書類，文書 名 documentation 証拠書類
3 ☐☐ **fascinating** [fǽsɪnèɪtɪŋ]	形 魅力的な 動 fascinate を魅了する　名 fascination 魅了すること
4 ☐☐ **earn** [ə:rn]	動 を得る 名 earnings 給料；事業所得
5 ☐☐ **domestic** [dəméstɪk]	形 国内の；家庭の 副 domestically 国内で；家庭内で ⇔ foreign 外国の，international 国際的な
6 ☐☐ **narrate** [nǽreɪt]	動 （放送など）に語りを入れる 名 narration 語り，narrator 語り手
7 ☐☐ **interview** [íntərvjù:] ❶	名 インタビュー；面接 動 にインタビューする，と面接する
8 ☐☐ **figure** [fígjər]	名 人物；数字；図 ● leading figure 重要人物
9 ☐☐ **development** [dɪvéləpmənt]	名 開発；発展 動 develop を開発する；を発展させる 名 developer 開発者
10 ☐☐ **genius** [dʒí:niəs] ❶	名 天才；才能
11 ☐☐ **discover** [dɪskʌ́vər]	動 を発見する，を見つける 名 discovery 発見

12 ☐☐ **shape** [ʃeɪp]	動 を形作る 名 形，形状
13 ☐☐ **youth** [juːθ] ❶	名 青春時代
14 ☐☐ **summary** [sʌ́məri]	名 概略，要約 形 手短な，概略の 動 summarize を要約する
15 ☐☐ **miss out**	（良いチャンスを）逃す
16 ☐☐ **latest** [léɪtɪst]	形 最新の ● 副詞 late の最上級の場合は，「一番遅く」の意味を表す
17 ☐☐ **star** [stɑːr]	動 主演する〈in ～に〉 名 人気者，大御所 ● movie star 映画スター
18 ☐☐ **talented** [tǽləntɪd]	形 才能のある，有能な 名 talent 才能；才能ある人材
19 ☐☐ **compelling** [kəmpélɪŋ]	形 魅力がある；強制的な 動 compel を強いる

2 スーパーマーケットチェーンのオープン 記事

SPRINGFIELD, October 7—Residents of Springfield are well aware that we have long been without a local supermarket. **¹Therefore**, the grand opening of Dawson's on Friday, October 12 is a much-anticipated event that has been eagerly awaited by the community.

Dawson's Supermarket is a supermarket chain **²founded** 27 years ago. In these twenty years, Dawson's has expanded across the country in suburbs of major cities. The supermarkets have had a positive **³effect** on the **⁴economic** growth of towns through the **⁵job openings** filled by local residents.

Until **⁶recently**, Springfield **⁷lacked** the **⁸population** needed to support a supermarket. Dawson's opening **⁹represents** a new **¹⁰phase** in Springfield's history. Conveniently located on Michael Street, the supermarket will increase the **¹¹convenience** and economic **¹²progress** of the town.

The opening ceremony on Friday morning will be attended by representatives from the town **¹³council** and the store's **¹⁴owner**. It is expected to **¹⁵draw** the attention of the press. It is also welcome for the community members to **¹⁶take part in** the celebrations. Store employees will be **¹⁷handing out** free products such as freshly baked bread and ice cream to welcome the store's first customers.

▆▆ (188 words)

スプリングフィールド，10 月 7 日―スプリングフィールドの住民は，長い間地元に
スーパーマーケットがなかったことをよく知っています。[1]**そのため**, 10 月 12 日（金）
の Dawson's のグランドオープンは，地域住民が待ち望んでいた，とても期待された
イベントなのです。

Dawson's スーパーマーケットは，27 年前に [2]設立されたスーパーマーケットチェー
ンです。この 20 年間で，Dawson's は主要都市の 郊外に全国展開しています。この
スーパーマーケットは，地元住民に [5]就職口を提供することで，町の [4]経済成長にプラ
スの [3]効果をもたらしてきました。

[6]最近まで，スプリングフィールドにはスーパーマーケットを支えるのに必要な [8]人口
[7]が不足していました。Dawson's の開店は，スプリングフィールドの歴史における新
たな [10]局面 [9]を象徴しています。マイケル通りの便利な場所に位置するこのスーパー
マーケットは，町の [11]利便性を高め，経済的 [12]進歩を促進するでしょう。

金曜日の午前中に行われるオープニングセレモニーには，町 [13]議会の代表者とお店の
[14]所有者が出席する予定です。報道陣の注目 [15]を引く見込みです。地域住民の皆さん
がこの式典 [16]に参加することも歓迎されます。店の従業員は，無料で焼きたてのパン
やアイスクリームなどの商品 [17]を配り，お店の最初のお客さまを歓迎する予定です。

1 ☐☐ **therefore** [ðéərfɔ̀ːr] ❶	副 それゆえに，したがって 🟰 thus
2 ☐☐ **found** [faʊnd]	動 を設立する 🟰 establish ● 過去形・過去分詞は founded
3 ☐☐ **effect** [ɪfékt]	名 効果 形 effective 効果的な 副 effectively 効果的に
4 ☐☐ **economic** [ìːkəná(ː)mɪk] ❶	形 経済の；採算のとれる 形 economical 経済的な；無駄のない 副 economically 経済的に
5 ☐☐ **job opening**	就職口
6 ☐☐ **recently** [ríːsəntli]	副 最近 形 recent 最近の
7 ☐☐ **lack** [læk]	動 を欠いている 名 不足していること
8 ☐☐ **population** [pà(ː)pjuléɪʃən]	名 人口
9 ☐☐ **represent** [rèprɪzént]	動 を象徴する；を代表する 名 representation 表現, representative 代表者
10 ☐☐ **phase** [feɪz] ❶	名 局面；段階
11 ☐☐ **convenience** [kənvíːniəns]	名 利便性，好都合 形 convenient 便利な，都合の良い 副 conveniently 便利に，都合良く

12 ▢▢ **progress** [prá(:)grəs]	名 進歩　動 前進する 形 progressive 進歩的な　副 progressively 次第に ● 動詞の発音は [prəgrés]
13 ▢▢ **council** [káunsəl]	名 議会 ● town council 町議会, city council 市議会
14 ▢▢ **owner** [óunər] ❶	名 所有者 動 own を所有する　名 ownership 所有；所有権
15 ▢▢ **draw** [drɔː]	動 を引く；を描く　名 引くこと 名 drawer 引き出し
16 ▢▢ **take part in ～**	～に参加する 冒 participate in ～
17 ▢▢ **hand out**	～を配る 冒 distribute

メディア・宣伝・アナウンス

❸ SNS キャンペーン 広告

Hey, Sydney! Are you hungry for a ¹**quick**, delicious ²**meal**? Mario Burger is here to satisfy your hunger! With our ³**newly-opened** Marrickville store right ⁴**across from** Meyer's Memorial Hospital, we now have 20 ⁵**amazing** ⁶**locations** across the city. You can be sure there's one near you, and finding them is easy with our new Mario Burger app! It'll direct you to the nearest ⁷**spot** quickly, and you can ⁸**place** your **order** before you get there. It also provides updates about our ⁹**daily** specials. I'm talking about discounts of up to 30 percent!

If you're ¹⁰**in a rush**, use our drive-through service. Moreover, let us come to you with our home delivery service. Just check the app to see if you're in our delivery area.

For those who love surprises, follow us on social media. We've got exclusive menu items and special event ¹¹**invitations** just for you. Furthermore, we have a wonderful campaign throughout January. Simply post a photo of your burger with #MarioBG. By doing so, you'll be ¹²**entered** into a ¹³**drawing** to win a ¹⁴**prize**! The list of the prizes is available on our Web site. ¹⁵**Check out** all of the exciting ¹⁶**rewards** waiting for our #MarioBG participants.

Mario Burger – fast, delicious, and always open!

🇺🇸 (206 words)

こんにちは，シドニーの皆さん！ [1]手軽でおいしい[2]食事を求めていませんか。Mario バーガーはあなたの空腹を満たすためにここに存在します！ Meyer's 記念病院の真[4]向かいに [3]新しくオープンしたマリックビル店を含め，現在，市内全域に 20 の [5]素晴らしい [6]場所にお店を構えています。あなたのお近くにも必ず店舗があり，当社の新しい Mario バーガーアプリを使えば店舗を探すのも簡単です！ アプリはあなたを最も近い [7]場所（店舗）に素早く導き，お店に着く前に [8]注文することもできます。また，[9]日替わりスペシャルメニューの最新情報もお届けします。最大 30%の割引もございます！

[10]急いでいる場合は，ドライブスルーサービスをご利用ください。さらに，宅配サービスでは当社の者がお客さまのところに参ります。アプリにて，お客さまが我々の配達エリア内かだけをご確認ください。

サプライズがお好きな方は，当店のソーシャルメディアをフォローしてください。あなただけのために限定メニューや特別イベントへの [11]招待をご用意しています。さらに，1 月中は素敵なキャンペーンを実施しています。単にハンバーガーの写真に #MarioBG を付けて投稿してください。そうすることで，[14]賞品が当たる[13]抽選会に [12]エントリーされます！ 賞品のリストはウェブサイトでご覧いただけます。 #MarioBG の参加者を待ち受けているすべての心躍る [16]報酬[15]をご確認ください。

Mario バーガー ― 早い，おいしい，いつでも営業！

1 ☐☐ **quick** [kwɪk] ❶	形 速い，素早い 副 quickly 速く，すぐに
2 ☐☐ **meal** [miːl]	名 食事 = food
3 ☐☐ **newly-opened** [njúːlióʊpənd]	形 新しくオープンした
4 ☐☐ **across from ～**	～の向かいに
5 ☐☐ **amazing** [əméɪzɪŋ]	形 素晴らしい，驚くべき 動 amaze を驚かせる　形 amazed びっくりした
6 ☐☐ **location** [loʊkéɪʃən]	名 場所，位置 動 locate （の場所）を突き止める
7 ☐☐ **spot** [spɑ(ː)t]	名 場所，地点 動 を見つける，を発見する = place
8 ☐☐ **place *one's* order**	注文する = order
9 ☐☐ **daily** [déɪli]	形 1 日ごとの；毎日の　名 day 日，1 日；日中 ● weekly「週に 1 回の」，monthly「月に 1 回の」， yearly「年に 1 度の」をまとめて覚える
10 ☐☐ **in a rush**	急いで = in a hurry
11 ☐☐ **invitation** [ìnvɪtéɪʃən]	名 招待 動 invite を招待する

12 ☐☐ **enter** [éntər]	動 を登録する；に入る 名 entrance 入り口, entry 入場, 入会
13 ☐☐ **drawing** [drɔ́:ɪŋ]	名 抽選, くじ引き
14 ☐☐ **prize** [praɪz]	名 賞品, 賞 動 を高く評価する
15 ☐☐ **check out**	〜を確認する 🔁 confirm
16 ☐☐ **reward** [rɪwɔ́:rd] ❶	名 報酬, ほうび 形 rewarding やりがいのある ● financial rewards 金銭的な報酬

3

245

4 最新のコーヒーメーカーの紹介 説明

Good afternoon, everyone, and welcome to our product
[1]**demonstration**. Today, I'm thrilled to introduce our latest innovation:
the EcoBrew Coffee Maker. This is not an [2]**ordinary** coffee maker. The
EcoBrew is the winner of this year's International Design Award, and it's
from the creators of the [3]**revolutionary** GRT Sandwich Maker.

What [4]**sets** the EcoBrew **apart from** all the others? First, its [5]**stylish**
design fits [6]**perfectly** on any modern kitchen [7]**countertop**. But it's not
just about [8]**appearance**. We've added power-saving features to ensure
that [9]**absolutely** no [10]**electricity** is [11]**wasted**.

Now, let's talk about [12]**maintenance**. If you hate the hard work of
cleaning coffee makers, you'll appreciate the EcoBrew's easy-clean
[13]**function**. With just the push of a button and a quick [14]**wipe**, it is ready
to use. Furthermore, you can [15]**rest assured** that this is the last coffee
maker you'll need to buy because it comes with a lifetime warranty.

The EcoBrew is designed to make your coffee-making experience both
[16]**efficient** and [17]**enjoyable**. Don't miss out, though. Stocks of this
amazing new machine are [18]**limited**.

(173 words)

皆さん，こんにちは。我々の商品 [1]実演にようこそ。本日，当社の最新の発明，EcoBrew コーヒーメーカーをご紹介できることにわくわくしています。これは [2]普通のコーヒーメーカーではありません。EcoBrew は，今年の国際デザイン賞を受賞し，また，これは [3]画期的な GRT サンドイッチメーカーの考案者によるものです。

EcoBrew を他のすべての製品 [4]と区別するものは何でしょう。まず，その [5]おしゃれなデザインは，どんな近代的なキッチンの [7]調理台にも [6]完璧に合います。しかし，[8]見た目だけではありません。[9]一切 [10]電力 [11]を無駄にしないよう，節電機能も加えました。

次に，[12]メンテナンスについてお話しします。コーヒーメーカー掃除の大変な作業が苦手な方は EcoBrew の簡単掃除 [13]機能をありがたく思うことでしょう。ボタンを押してさっと [14]拭くだけで，すぐに使えるようになります。さらに，生涯保証付きなので，これが購入する必要のある最後のコーヒーメーカーだと [15]安心してください。

EcoBrew は，あなたのコーヒー作り体験を [16]効率的かつ [17]楽しいものにするためにデザインされています。でも，お見逃しなく。この素晴らしい新型マシンの在庫には [18]限りがあります。

最新のコーヒーメーカーの紹介

1 ☐☐
demonstration
[dèmənstréɪʃən]

名 実演
● product demonstration 商品実演

2 ☐☐
ordinary
[ɔ́ːrdənèri] ❶

形 普通の
☰ common ⇔ extraordinary 異常な

3 ☐☐
revolutionary
[rèvəlúːʃənèri]

形 画期的な；革命の
名 revolution 革命

4 ☐☐
set _A_ apart from _B_

A を B から区別する
☰ distinguish _A_ from _B_

5 ☐☐
stylish
[stáɪlɪʃ]

形 おしゃれな

6 ☐☐
perfectly
[pə́ːrfɪktli]

副 完璧に
名 perfection 完全なこと　形 perfect 完璧な

7 ☐☐
countertop
[káʊntərtà(ː)p]

名 調理台

8 ☐☐
appearance
[əpíərəns]

名 外見，様子；出場
動 appear のように見える

9 ☐☐
absolutely
[ǽbsəljùːtli]

副 (否定文で) 少しも～ではない；絶対に
形 absolute 完全な

10 ☐☐
electricity
[ɪlèktrísəţi] ❶

名 電力
形 electric 電気の, electrical 電気に関する
副 electrically 電気によって

11 ☐☐
waste
[weɪst]

動 を浪費する　名 無駄遣い，浪費；廃棄物
形 荒れ果てた
形 wasted 不要な

12 ☐☐ **maintenance** [méɪntənəns]	名 メンテナンス
13 ☐☐ **function** [fʌ́ŋkʃən]	名 機能　動（機械などが）作動する 形 functional 機能上の　副 functionally 機能的に
14 ☐☐ **wipe** [waɪp]	名 拭くこと 動 を拭く
15 ☐☐ **rest assured**	安心している〈that …だと〉
16 ☐☐ **efficient** [ɪfíʃənt]	形 効率的な 名 efficiency 効率　副 efficiently 効率的に
17 ☐☐ **enjoyable** [ɪndʒɔ́ɪəbl]	形 楽しめる 動 enjoy を楽しむ
18 ☐☐ **limit** [límət]	動 を制限する　名 限界；制限 形 limited 限られた

メディア・宣伝・アナウンス

5 閉店前の店内放送 説明

Good evening, ShinySun-Shop customers. This is your **¹final ²notice** before we close for the day. We ask that you **³finalize** your purchases as quickly as possible. Please **⁴proceed to** the **⁵checkout** counters located at the front of the store, where our **⁶cashiers** will be happy to serve you.

We'd like to **⁷remind** you **that** our staff won't be available for **⁸assistance** at this time. Most of them are operating the **⁹cash registers** to ensure a quick and efficient checkout process for everyone, and the **¹⁰rest** are in the **¹¹stockroom** preparing for closing.

By the way, we **¹²encourage** you **to** come back tomorrow. It will be the first day of our winter sale! All winter **¹³apparel** will be **¹⁴marked down** by 15 percent. Don't miss out on these fantastic **¹⁵savings**!

Thank you for shopping with us today. We **¹⁶are grateful for** your **¹⁷loyalty** and hope you'll return soon to enjoy our everyday **¹⁸low** prices.

(153 words)

ShinySun-Shop をご利用のお客さま，こんばんは。本日の営業終了前の ^{1}最後の ^{2}お知らせです。お買い物はできるだけお早めに ^{3}お済ませください。店舗正面に位置している ^{5}レジカウンター ^{4}にお進みください。そこで，^{6}レジ係が喜んで対応いたします。

なお，この時間帯は ^{8}お手伝いのためのスタッフはいないこと ^{7}にご注意ください。皆さまにとって迅速かつ効率的なレジのプロセスを確実にするため，ほとんどのスタッフは ^{9}レジを操作しております。また，^{10}残りのスタッフは ^{11}在庫室で閉店の準備をしています。

話は変わりますが，皆さまに明日のご来店も ^{12}お勧めしています。明日は冬物セールの初日です！すべての冬物 ^{13}衣服が 15 パーセント ^{14}値下げになります。この素晴らしい ^{15}お値引きの機会をお見逃しなく！

本日は当店をご利用いただきありがとうございます。皆さまの ^{17}ご愛顧 ^{16}に感謝しております。毎日の ^{18}低価格をお楽しみいただくためのまたのご来店をお持ちしています。

閉店前の店内放送

1 ☐☐ **final** [fáɪnəl]	形 最後の 副 finally 最後に；ついに，ようやく
2 ☐☐ **notice** [nóʊɨəs]	名 通知；注目，注意 動 に気が付く，に注意する 形 noticeable 人目を引く　副 noticeably 目立って
3 ☐☐ **finalize** [fáɪnəlàɪz]	動 を終了させる
4 ☐☐ **proceed to ～**	～に進む
5 ☐☐ **checkout** [tʃékàʊt]	名 レジ；チェックアウト
6 ☐☐ **cashier** [kæʃíər] ❶	名 レジ係 名 cash 現金 ● Part 1 に頻出の単語
7 ☐☐ **remind _A_ that ...**	A に…を気付かせる ● remind には「に思い出させる」という意味もある
8 ☐☐ **assistance** [əsístəns]	名 手伝うこと 動 assist を助ける　名 assistant 助手
9 ☐☐ **cash register**	レジ ● cashier とともに Part 1 に頻出する
10 ☐☐ **rest** [rest]	名 残り
11 ☐☐ **stockroom** [stá(:)krùːm]	名 貯蔵室，倉庫 🔄 warehouse

12 □□ **encourage _A_ to _do_**	A に～するよう勧める ⇔ discourage _A_ from _doing_ A に～するのを思いとどまらせる
13 □□ **apparel** [əpǽrəl] ❶	名 衣服 = clothes
14 □□ **mark down**	～を値下げする
15 □□ **saving** [séiviŋ]	名 節約，割引 動 save を蓄える；を救う
16 □□ **be grateful for ～**	～に感謝している
17 □□ **loyalty** [lɔ́iəlti]	名 忠誠，忠義 形 loyal 忠実な，誠実な
18 □□ **low** [lou] ❶	形 （水準・価値が）低い；（高さ・位置などが）低い

6 スポーツ選手の進路の変更 記事

Fiona Baartz: A Celebrated Career and a New Chapter

After a highly successful career that spanned two decades, Fiona Baartz, the renowned sports commentator and [1]**former** swimmer, has announced her [2]**retirement** from commentating. Baartz [3]**initially** [4]**gained** [5]**fame** as a member of the Canadian National Swimming Team, leading the team to several medals in international [6]**competitions**.

Baartz retired from competitive swimming at the age of 27, transitioning into a successful career in sports [7]**journalism**. After just four years at WWT Television Network in Alberta as a sports commentator, she was given her own nightly sports program, which [8]**attracted** a substantial [9]**viewership**.

[10]**In addition to** her broadcasting [11]**accomplishments**, Baartz became an [12]**entrepreneur**. She benefited from [13]**endorsements** from her former teammates and [14]**launched** an extremely popular swimwear brand. Last year, she sold the business to major apparel brand Habbersmith, although she [15]**continues to** represent the brand in [16]**advertisements** and interviews.

Recently, Baartz has signed a five-year contract to work as a swimming coach at the Toronto Institute of Athletics. In a recent interview, Baartz [17]**reflected on** this transition and [18]**stated**, "This role as a coach is more than a job." She added, "It's my way of giving back to the sport that shaped my life."

With this move, Baartz closes a significant chapter in her life. Her achievements will [19]**surely** continue to [20]**inspire** future [21]**generations**.

(222 words)

Fiona Baartz：名高いキャリアと新たな章

20 年にわたるキャリアで大成功を収めた後，有名なスポーツコメンテーターで [1]元水泳選手の Fiona Baartz が，コメンテーターからの [2]引退を発表しました。Baartz は [3]最初にカナダ代表スイミングチームのメンバーとして [5]名声 [4]を得て，チームを国際的な [6]競技会でいくつものメダルに導きました。

Baartz は 27 歳で競泳選手から引退し，スポーツ [7]ジャーナリズムの成功したキャリアに転身しました。アルバータ州の WWT テレビネットワークでスポーツコメンテーターとして勤めてわずか 4 年後には，彼女自身の夜のスポーツ番組を任され，かなりの [9]視聴者 [8]を引き付けました。

放送界での [11]業績 [10]に加えて，Baartz は [12]起業家にもなりました。彼女の元チームメイトからの [13]推薦に恩恵を得て，大人気の水着ブランド [14]を立ち上げました。昨年，彼女はこのビジネスを大手アパレルブランドの Habbersmith に売却しましたが，[16]広告やインタビューでは [15]引き続きブランドを代表しています。

最近，Baartz はトロントスポーツ協会で水泳コーチとして働く 5 年契約を結びました。最近のインタビューで，Baartz はこの転身 [17]を回想し，「コーチという役割は仕事以上のものです」[18]と述べました。「私の人生を形作ったスポーツに恩返しをする方法です」と付け加えました。

今回の転身で，Baartz は人生の重要な章を閉じることになります。彼女の功績は，未来の [21]世代 [20]を鼓舞し続けるに [19]違いありません。

スポーツ選手の進路の変更

1 ☐☐ **former** [fɔ́ːrmər]	形 元の，前の ⇔ present 現在の ● former president 前社長
2 ☐☐ **retirement** [rɪtáɪərmənt]	名 引退，退職 動 retire 引退する，退職する　形 retired 引退した，退職した ● retirement party 退職パーティー
3 ☐☐ **initially** [ɪníʃəli] ❶	副 最初，当初 名 形 initial 頭文字；初めの
4 ☐☐ **gain** [geɪn]	動 を得る 名 利益；増加
5 ☐☐ **fame** [feɪm]	名 名声 形 famed 有名な
6 ☐☐ **competition** [kɑ̀(ː)mpətíʃən]	名 競技会；競争 動 compete 競争する　形 competing 競い合う
7 ☐☐ **journalism** [dʒə́ːrnəlìzm]	名 ジャーナリズム 名 journalist ジャーナリスト
8 ☐☐ **attract** [ətrǽkt]	動 を引き付ける 名 attraction 引き付けるもの　形 attractive 魅力的な 副 attractively 魅力的に
9 ☐☐ **viewership** [vjúːərʃɪp]	名 視聴者，視聴率
10 ☐☐ **in addition to ～**	～に加えて ● cf. in addition さらに
11 ☐☐ **accomplishment** [əkɑ́(ː)mplɪʃmənt]	名 業績；達成 動 accomplish を成し遂げる 形 accomplished 熟練した

12 ☐☐ **entrepreneur** [à:ntrəprəná:*r*]	名 起業家
13 ☐☐ **endorsement** [ɪndɔ́:*r*smənt]	名 推薦 動 endorse を推薦する
14 ☐☐ **launch** [lɔːntʃ] ❶	動 を始める；を売り出す 名 発売開始
15 ☐☐ **continue to *do***	～することを続ける
16 ☐☐ **advertisement** [ædvərtáɪzmənt]	名 広告 動 advertise を宣伝する 名 形 advertising 広告；広告の
17 ☐☐ **reflect on ～**	～を回想する，～についてよく考える
18 ☐☐ **state** [steɪt]	動 を述べる 名 statement 主張；請求書
19 ☐☐ **surely** [ʃúərli]	副 確かに，きっと 形 sure を確信している
20 ☐☐ **inspire** [ɪnspáɪər] ❶	動 を鼓舞する 名 inspiration 鼓舞，感化 形 inspiring 鼓舞する，感激させる
21 ☐☐ **generation** [dʒènəréɪʃən]	名 世代

メディア・宣伝・アナウンス

■7 プロジェクションマッピング用ソフトウェア ウェブページ

VisionCraft Master: Transform Your World in Minutes!

VisionCraft Master is the latest software creation from the award-winning creators of Crisp Home Builder. With VisionCraft Master, you're just 20 minutes away from mastering projection mapping!

Our simple [1] **yet** very powerful software is designed for everyone. Whether you're a beginner or an [2] **experienced** pro, our detailed online video [3] **tutorial** will guide you through the simple setup process. [4] **In no time**, you'll be designing your own [5] **stunning** animations.

VisionCraft Master can be [6] **connected to** [7] **multiple** monitors, even from different brands. This allows you to [8] **put together** fascinating illusions for projection onto objects of almost any size. It's the perfect [9] **tool** to bring your [10] **creative** ideas to life, and it's compatible with a wide range of major operating systems.

Choose from our three subscription-based versions, each of which is tailored to different needs and capabilities. Details on the monthly rates for each version are available on the subscription page.

Customer Testimonial:

"I recently used VisionCraft Master for an art [11] **exhibition**. After setting it up quickly, I was able to [12] **amaze** the audience by [13] **projecting** animated artwork onto objects in the [14] **gallery**. The [15] **ease** of use and the impact it created was beyond my expectations."

With VisionCraft Master, users can transform any space with [16] **unlimited** [17] **possibilities**.

(211 words)

VisionCraft Master：数分であなたの世界を変える！

VisionCraft Master は，受賞歴のある Crisp Home Builder の考案者による最新ソフトウェア作品です。VisionCraft Master があれば，プロジェクションマッピングをたった 20 分でマスターできます！

我が社のシンプル [1]でありながら，非常に強力なソフトウェアはすべての方のためにデザインされています。あなたが初心者の方でも，[2]経験豊富なプロの方でも，詳細なオンライン [3]解説ビデオで簡単なセットアップ手順をご案内します。[4]すぐに，[5]目を見張るようなあなた自身のアニメーションをデザインするようになるでしょう。

VisionCraft Master は異なるブランドのものでさえも，[7]複数のモニター [6]に接続することができます。これにより，ほぼどんな大きさの物体へのプロジェクション用にも魅力的な幻影 [8]を組み合わせることができます。[10]クリエイティブなアイデアを実現するのに最適な [9]手段であり，主要な操作システムに幅広く対応しています。

3 つの定期サブスクリプションバージョンからお選びいただくことができ，そのいずれも異なるニーズと性能に沿っています。各バージョンの月額料金の詳細は，定期サブスクリプションページでご覧いただけます。

お客さまの声：

「最近，美術 [11]展のために VisionCraft Master を使いました。素早くセットアップした後，[14]ギャラリー内のものにアニメーション作品 [13]を投影し，観客 [12]を驚かせることができました。使い [15]やすさとそれが創り出すインパクトは予想以上でした」。

VisionCraft Master を使えば，どんな空間も [16]無限の [17]可能性で変身させることができます。

1 ☐☐ **yet** [jet]	接 しかし，けれども 副 まだ = but
2 ☐☐ **experienced** [ɪkspíəriənst]	形 経験豊かな 動 名 experience を経験する；経験，体験
3 ☐☐ **tutorial** [tjutɔ́ːriəl] ❶	名 説明書，個人指導
4 ☐☐ **in no time**	すぐに
5 ☐☐ **stunning** [stʌ́nɪŋ]	形 驚くべき
6 ☐☐ **connect A to B**	A を B に接続する
7 ☐☐ **multiple** [mʌ́ltɪpl]	形 複数の，多様な
8 ☐☐ **put together ~**	～を合わせる；～を組み立てる ● Part 1 では「組み立てる」の意味で頻出
9 ☐☐ **tool** [tuːl] ❶	名 手段；道具
10 ☐☐ **creative** [kri(ː)éɪṭɪv]	形 創造的な 動 create を創造する　名 creativity 創造性
11 ☐☐ **exhibition** [èksɪbíʃən] ❶	名 展覧会，展示会 動 名 exhibit を展示する；展覧会，展示会

12 ☐☐ **amaze** [əméɪz]	**動** を驚かせる **名** amazement 驚き **形** amazed びっくりした，amazing 驚くべき
13 ☐☐ **project** [prədʒékt] ❶	**動** を投影する；を計画する **名** 事業；企画 ● 名詞の発音は [prá(:)dʒekt]
14 ☐☐ **gallery** [gǽləri]	**名** 美術館 ▤ (art) museum
15 ☐☐ **ease** [iːz] ❶	**名** たやすさ **形** easy 容易な ⟷ difficulty 難しさ
16 ☐☐ **unlimited** [ʌnlímətɪd]	**形** 無限の，無制限の ⟷ limited 限られた
17 ☐☐ **possibility** [pà(:)səbíləti]	**名** 可能性 **形** possible 可能な　**副** possibly ひょっとしたら

7

メディア・宣伝・アナウンス

8 有名人による寄付 記事

Online Video Producer Funds River Cleaning Project

June 21—Gino Hobart, a successful online video producer and the face of the online video channel *Watch Gobart Go*, has ¹**dedicated** substantial ²**funds to** reducing the ³**amount** of plastic waste in rivers. His ⁴**initiative** aims to ⁵**prevent** this waste **from** reaching the oceans, which addresses a ⁶**critical** environmental concern.

Hobart, who ⁷**previously** focused on creating videos addressing the difficulty involved in solving environmental issues, has recently shifted his attention toward finding ⁸**practical** solutions. He ⁹**initiated** a contest involving student engineers from four different universities, encouraging them to design the most effective plastic-collecting robot. Hobart provided the ¹⁰**necessary** budget for the design and construction of the robots.

The ¹¹**outcome** of this contest was the creation of a highly efficient robotic design, selected for its effectiveness in collecting plastic waste. Hobart then financed the production of ten such robots, with a budget close to $1,000,000. These robots ¹²**are intended for** ¹³**installation** in rivers around the world.

He plans to travel around the world documenting the progress of these robots in videos for his channel. To expand the ¹⁴**scope** of this initiative, he is encouraging his ¹⁵**subscribers** to donate money to the project, with the objective of manufacturing additional robots. This approach not only demonstrates that Hobart is dedicated to environmental conservation but also highlights his innovative use of his ¹⁶**platform** to promote ¹⁷**positive** change.

🍁 (230 words)

オンラインビデオプロデューサーが河川浄化プロジェクトに資金提供

6月21日—オンラインビデオプロデューサーの成功者であり，オンラインビデオチャンネル『ゴバートの行く末を見守る』の顔でもある Gino Hobart は，河川のプラスチックゴミの ^{3}量を減らすことに多額の ^{2}資金 ^{1}を捧げました。彼の ^{4}新たな取り組みは，このゴミが海洋に到達する ^{5}のを防ぐことを目的としており，環境問題への ^{6}重大な懸念に対処しています。

^{7}以前は環境問題の解決にかかわる困難に対処するビデオ制作に力を入れていた Hobart ですが，最近は ^{8}実用的な解決策を見つけることに関心を移しています。彼は4つの異なる大学の学生エンジニアが参加するコンテスト ^{9}を開始し，彼らに最も効果的なプラスチック回収ロボットの設計を奨励しました。Hobart はロボットの設計と建設に ^{10}必要な予算も提供しました。

このコンテストの ^{11}結果，プラスチック廃棄物の収集に効果的であることが評価され，非常に効率的なロボット設計が選ばれました。その後，Hobart は100万ドル近い予算で，10台のこのようなロボットの製造に資金を融資しました。これらのロボットは世界中の河川に ^{13}設置 ^{12}される予定です。

彼は世界中を旅して，自分のチャンネル用にこれらのロボットの進捗状況を動画で記録する予定です。この新しい取り組みの ^{14}範囲を拡大するため，彼は ^{15}チャンネル登録者にプロジェクトへの寄付を呼びかけ，ロボットの追加製造を目指しています。このアプローチは，Hobart が環境保護に献身的であることを示すだけでなく，^{17}ポジティブな変化を促進するために自身の ^{16}プラットフォームを革新的に活用していることを浮き彫りにしています。

有名人による寄付

1 ☐☐ **dedicate *A* to *B***	A を B に捧げる ● be dedicated to 〜で「〜に専念する」という意味
2 ☐☐ **fund** [fʌnd]	名 資金 動 に資金を提供する 名 funding 基金
3 ☐☐ **amount** [əmáunt]	名 量 🔁 quantity
4 ☐☐ **initiative** [ɪníʃɪətɪv]	名 新規の行動計画；主導，先導
5 ☐☐ **prevent *A* from *doing***	A が〜するのを防ぐ 🔁 keep *A* from *doing*
6 ☐☐ **critical** [krítɪkəl]	形 重大な；批判の 動 criticize を批判する　名 critic 批評家 副 critically 批判的に
7 ☐☐ **previously** [prí:viəsli] ❶	副 以前に 形 previous 以前の
8 ☐☐ **practical** [præktɪkəl]	形 実用的な 動 名 practice 練習する；練習　副 practically 実用的に
9 ☐☐ **initiate** [ɪníʃièɪt] ❶	動 を始める 名 initiation 開始，創業
10 ☐☐ **necessary** [nésəsèri] ❶	形 必要な 名 necessity 必要性；必需品 副 necessarily 必ずしも（〜でない）
11 ☐☐ **outcome** [áutkÀm] ❶	名 結果 🔁 result

12 ▢▢ **be intended for ～**	～に向けられている，～に意図されている
13 ▢▢ **installation** [ìnstəléɪʃən]	**名** 設置 **動** install を設置する **≡** installment
14 ▢▢ **scope** [skoʊp]	**名** 範囲
15 ▢▢ **subscriber** [səbskráɪbər]	**名** 申込者，購読者 **動** subscribe 購読する　**名** subscription 購読
16 ▢▢ **platform** [plǽtfɔ̀ːrm] ❶	**名** プラットフォーム；（駅の）プラットホーム ● 「プラットフォーム」とは IT 用語でサービスの基盤のこと。動画の配信サイトを指すこともある
17 ▢▢ **positive** [pá(ː)zət̬ɪv]	**形** 前向きの，建設的な **副** positively 明確に **⇔** negative 後ろ向きの，消極的な

9 ケータリング会社の顧客満足度調査 アンケート

McCallister [1]Catering Company [2]Satisfaction [3]Survey

Thank you for choosing McCallister Catering Company for your recent event! We would greatly appreciate your feedback. Please [4]**take a moment** to share your thoughts on your catering experience with us. You can indicate your [5]**opinion** by placing an "X" in the [6]**appropriate** box.

[7]Aspect	Unsatisfactory	Satisfactory	[8]Excellent
The [9]variety of menu options		X	
The quality of food		X	
The [10]quantity of food	X		
The [11]professionalism of the catering staff			X
The setup of the food		X	
The value of the service for its price	X		

Additional comments: Please share any specific feedback about your experience, such as the freshness of the food, timeliness of service, or any [12]**particular** staff member who made your event special.

I was [13]**disappointed** with the amount of food you supplied for my event. Some of my guests [14]**complained that** the buffet was empty when they went to get their meals. However, as always, the staff was extremely professional.

(153 words)

McCallister [1]ケータリング会社 [2]満足度 [3]調査

最近のあなたのイベントに McCallister ケータリング会社をお選びいただき，誠にありがとうございます！ お客さまのご意見をお聞かせいただけますと幸いです。[4]少しお時間をいただき，当社でのケータリング体験へのご意見をお聞かせください。「X」を [6]適当な枠に入れていただくことで，あなたの [5]ご意見をお示しいただけます。

[7]側面	不満	満足	[8]非常に良い
メニューの [9]豊富さ		X	
料理の質		X	
料理の [10]量	X		
ケータリングスタッフの [11]プロ意識			X
料理の配置		X	
価格に対するサービスの価値	X		

その他コメント：お料理の鮮度，サービスの適時性，またはイベントを特別なものにしてくれた [12]特定のスタッフなど，お客さまの体験について具体的なご意見をお聞かせください。

> 私のイベントに提供された料理の量には [13]がっかりしました。ゲストの中には，食事を取りに行ったときにビュッフェが空だった [14]と不満を漏らす人もいました。しかし，いつものように，スタッフは非常にプロフェッショナルでした。

ケータリング会社の顧客満足度調査

1 ☐☐
catering
[kéɪtərɪŋ]

名 ケータリング
名 caterer ケータリング業者

2 ☐☐
satisfaction
[sæ̀tɪsfǽkʃən]

名 満足させること
動 satisfy を満足させる　形 satisfactory 満足のいく

3 ☐☐
survey
[sə́:rveɪ] ❶

名 調査　動 を調査する
● 動詞の発音は [sərvéɪ]
● customer survey 顧客調査

4 ☐☐
take a moment

少し時間を取る
≒ take a minute

5 ☐☐
opinion
[əpínjən]

名 意見
≒ view
● in *one's* opinion ～の意見では

6 ☐☐
appropriate
[əpróupriət] ❶

形 適切な, 適当な
副 appropriately 適切に
⇔ inappropriate 不適当な, ふさわしくない

7 ☐☐
aspect
[ǽspèkt] ❶

名 (問題などの) 側面, 面

8 ☐☐
excellent
[éksələnt]

形 非常に優れた
動 excel ～より優れている

9 ☐☐
variety
[vəráɪəṭi] ❶

名 多様性, 変化 (に富むこと)
動 vary 変化する　形 various さまざまな
副 variously さまざまに

10 ☐☐
quantity
[kwá(:)nṭəṭi]

名 量
≒ amount
● cf. quality 質

11 ☐☐
professionalism
[prəféʃənəlìzm]

名 プロ精神, 専門職業意識
名 profession 専門職　形 professional 職業的な

12 ☐☐ **particular** [pərtíkjulər] ❶	形 特定の 副 particularly 特に
13 ☐☐ **disappoint** [dìsəpɔ́int]	動 (受身形で) **失望する，がっかりする** 〈with 〜に〉 名 disappointment 失望 形 disappointing がっかりさせるような
14 ☐☐ **complain that ...**	…と不満を言う

10 日本の人気コミックの映画化 記事

Chronostream Set to Make Waves in Cinema

The highly anticipated live-action [1]**adaptation** of the [2]**widely**
[3]**celebrated** Japanese comic book, *Future Fall*, is [4]**soon** to hit North
American theaters. The film has been titled *Chronostream* to avoid
[5]**confusion** with another film called *Future Fall*. This adaptation has been
[6]**creating** a lot of noise in the film industry. The original comic, written
by renowned [7]**author** Ryo Honda, has achieved [8]**global** fame. It has
been [9]**translated into** several languages and is loved by an international
audience.

Because the film will closely follow his original story and illustrations,
Honda has been [10]**credited** as one of its directors. He [11]**spent** three
years in Los Angeles [12]**preparing for** the film's production. In an
interview, he expressed his deep connection to the project. "It's been a
dream of mine to bring my comic to life on the big screen," he said. "I'm
thrilled with the [13]**result** and hopeful that we can adapt the remaining
two parts of the story in a similar way."

Chronostream has already received positive feedback from test
audiences, and it will be [14]**released** during the summer holidays.
However, the film's high budget places it under pressure to perform well
at the [15]**box office**.

Chronostream features Katee Wilson, highly [16]**praised for** her role as
Mary Jefferson in the [17]**historical** drama *Hills of Promise*. With *Future
Fall* being the first comic in a trilogy,* the success of *Chronostream* is
crucial for the potential adaptation of the [18]**remainder** of the series.

🇨🇦 (245 words)

* trilogy （小説・劇などの）3部作

『クロノストリーム』が映画界に旋風を巻き起こす

²広く³知られた日本の漫画『未来の秋』の待望の実写¹化が，⁴まもなく北米の映画館で公開されます。この映画のタイトルは，『未来の秋』という別の映画との⁵混同を避けるため，『クロノストリーム』と命名されました。この映画化は映画業界で大きな話題⁶を呼んでいます。原作漫画は，著名な⁷作家である Ryo Honda によって書かれ，⁸世界的な名声を得ています。数カ国語⁹に翻訳され，世界中の観客に愛されています。

この映画は彼の原作とイラストに忠実に作られるため，Honda は監督の 1 人だと¹⁰見なされています（クレジットに名前があります）。彼はロサンゼルスで 3 年間をこの映画制作¹²の準備に¹¹費やしました。インタビューで彼は，このプロジェクトとの深いかかわりについて語っています。「自分の漫画に大きなスクリーンで命を吹き込むことは私の夢でした。この¹³結果に感激していますし，物語の残りの 2 部も同じような形で映画化できることを期待しています」と話しました。

『クロノストリーム』はすでに試写の観客から好評を得ており，夏休み中に¹⁴公開される予定です。しかし，この映画は高予算であるため，¹⁵興行収入がよくなければならないというプレッシャーにさらされています。

『クロノストリーム』には，¹⁷歴史ドラマ『約束の丘』の Mary Jefferson 役で高く¹⁶評価された Katee Wilson が出演しています。『未来の秋』は 3 部作の最初の漫画であるため，『クロノストリーム』の成功は¹⁸残りのシリーズの映画化の可能性にとって極めて重要です。

---

be to 不定詞

第 1 段落 1 文目に is soon to hit North American theaters とありますが，これは「〜することになっている」という未来の予定を表す be to 不定詞の用法です。be to hit が三人称単数の現在形に対応して，is to hit という形になり，そこに副詞の soon が入り込み，is soon to hit となったものです。

日本の人気コミックの映画化

1 ☐☐ **adaptation** [ӕdӕptéɪʃən]	名 脚色，改作，翻案物；順応 動 adapt を順応させる；を改作する
2 ☐☐ **widely** [wáɪdli]	副 広く 動 widen 広くなる；を広くする　形 wide 広い
3 ☐☐ **celebrated** [séləbrèɪtɪd]	形 有名な 名 celebrity 有名人 ≒ famous, renowned
4 ☐☐ **soon** [suːn]	副 まもなく，すぐに
5 ☐☐ **confusion** [kənfjúːʒən]	名 混同；混乱 動 confuse を混同する 形 confusing 混乱させる，confused 混乱した
6 ☐☐ **create** [kri(ː)éɪt] ❶	動 （騒動など）を引き起こす；を創作する 名 creativity 創造性　形 creative 創造的な 副 creatively 創造的に
7 ☐☐ **author** [ɔ́ːθər] ❶	名 作家 ≒ writer
8 ☐☐ **global** [glóʊbəl]	形 世界的な 名 globe 地球　副 globally 世界的に
9 ☐☐ **translate _A_ into _B_**	A を B に翻訳する
10 ☐☐ **credit** [krédət]	動 を見なす〈as 〜だと〉，（功績など）を帰する 名 信用；功績，手柄
11 ☐☐ **spend** [spend]	動 を費やす〈on 〜に〉

12 ☐☐ **prepare for ~**	〜の準備をする 🔁 get ready for 〜
13 ☐☐ **result** [rızʌ́lt] ❶	🔴 結果 🔵 結果になる〈in 〜という〉 🔁 cause 原因
14 ☐☐ **release** [rılíːs]	🔵 (映画など)を公開する；を発売する 🔴 発売；公表 ● newly released 最近発売された
15 ☐☐ **box office**	興行収入；チケット売り場
16 ☐☐ **praise *A* for *B***	A を B のことで褒める
17 ☐☐ **historical** [hıstɔ́(ː)rıkəl]	🟡 歴史の 🔴 history 歴史　🟡 historic 歴史上重要な 🟣 historically 歴史的に
18 ☐☐ **remainder** [rıméındər]	🔴 残り 🔵 remain 残っている　🟡 remaining 残りの ● Part 5 の選択肢としても頻出の単語

メディア・宣伝・アナウンス
確認テスト

（解答：p.276）

1 次の日本語の意味の単語を下の❶ ～ ⓰の中から選びなさい。

（1） 以前に	（	）
（2） 普通の	（	）
（3） 進歩	（	）
（4） それゆえに	（	）
（5） 魅力的な	（	）
（6） を終了させる	（	）
（7） 賞品	（	）
（8） 効率的な	（	）
（9） 残り	（	）
（10）確かに	（	）
（11）申込者，購読者	（	）
（12）特定の	（	）
（13）可能性	（	）
（14）適切な	（	）
（15）混同	（	）
（16）を引きつける	（	）

❶ finalize	❷ subscriber	❸ surely	❹ fascinating
❺ attract	❻ prize	❼ particular	❽ appropriate
❾ therefore	❿ remainder	⓫ possibility	⓬ ordinary
⓭ confusion	⓮ previously	⓯ progress	⓰ efficient

2 次の単熟語の意味に最も近いものをそれぞれ ❶ ～ ❹ の中から１つ選びなさい。

（1）participate in ～　　❶ lack　　　　　　　　❷ prepare for ～
　　　　　　　　　　　　　❸ take part in ～　　　❹ initiate

（2）quantity　　　　　　❶ amount　　　　　　　❷ scope
　　　　　　　　　　　　　❸ aspect　　　　　　　❹ accomplishment

（3）establish　　　　　　❶ gain　　　　　　　　❷ found
　　　　　　　　　　　　　❸ represent　　　　　　❹ create

（4）result　　　　　　　❶ electricity　　　　　❷ survey
　　　　　　　　　　　　　❸ outcome　　　　　　❹ notice

（5）famous　　　　　　　❶ celebrated　　　　　❷ global
　　　　　　　　　　　　　❸ experienced　　　　　❹ stylish

（6）confirm　　　　　　　❶ hand out　　　　　　❷ state
　　　　　　　　　　　　　❸ check out　　　　　　❹ tune in to ～

（7）view　　　　　　　　❶ opinion　　　　　　　❷ confusion
　　　　　　　　　　　　　❸ tutorial　　　　　　❹ council

（8）food　　　　　　　　❶ invitation　　　　　❷ assistance
　　　　　　　　　　　　　❸ meal　　　　　　　　❹ countertop

解答

1 （ 1 ） ⑭ previously (→ p.264)　（ 2 ） ⑫ ordinary (→ p.248)

（ 3 ） ⑮ progress (→ p.241)　（ 4 ） ⑨ therefore (→ p.240)

（ 5 ） ④ fascinating (→ p.236)　（ 6 ） ❶ finalize (→ p.252)

（ 7 ） ⑥ prize (→ p.245)　（ 8 ） ⑯ efficient (→ p.249)

（ 9 ） ⑩ remainder (→ p.273)　（10） ❸ surely (→ p.257)

（11） ❷ subscriber (→ p.265)　（12） ❼ particular (→ p.269)

（13） ⑪ possibility (→ p.261)　（14） ❽ appropriate (→ p.268)

（15） ⑬ confusion (→ p.272)　（16） ❺ attract (→ p.256)

2 （ 1 ） ❸ take part in ～ (→ p.241)

（ 2 ） ❶ amount (→ p.264)

（ 3 ） ❷ found (→ p.240)

（ 4 ） ❸ outcome (→ p.264)

（ 5 ） ❶ celebrated (→ p.272)

（ 6 ） ❸ check out (→ p.245)

（ 7 ） ❶ opinion (→ p.268)

（ 8 ） ❸ meal (→ p.244)

さくいん

さくいん

MEMO

MEMO